Oui, je pas an purr francaise   il
no, je ne parlez parr bien le Francaize   elle

G. MAUGER   M. BRUÉZIÈRE

Directeur honoraire de l'École
pratique de l'Alliance française

Directeur de l'École pratique
de l'Alliance française

de
Je ne pas du

Object

because:
pas a car

Masculine sing.   Feminine Sing.

mes Mon   ma

(il) Ses Son   sa   (elle)

vos Votre   Votre   (vous)

LE FRANÇAIS ACCÉLÉRÉ

MÉTHODE INTENSIVE DE FRANÇAIS PARLÉ POUR ADULTES

Je ne pas   Je ma (f)   Il sa (f)   Elle sa (f)
                 mon (m)   son (m)   sou (m)
vus nevaus pas   mes   Ses
il na pas   Vous   Votre (m)   avec la collaboration de
                       Votre (f)
                       vos

G. GOUGENHEIM
Professeur à la Sorbonne

A. IOANNOU
Docteur de l'Université de Paris

travaillez vus / est-ce que vus travaillez

parlez vus français / Est-ce que vus parlez Français

regardez vus le Professeur / Est-ce que vus regardez le
                                                      Professeur

écoutez vus le professeur / Est-ce que vus écoutez le professeur

etes-vus une etudiante / est-ce que vus etes un etudiante

l'usie de M. Dupon

LIBRAIRIE HACHETTE

adn feminine : adjective feminine /c'est ma auto (two vruels)
                                    : soit mon auto

I don't have a — (j'ne ai pas —)
I don't have any. (j'nen ai pas.)
I don't have a — nor a — (non, je n'i ai ni — ni —)

ENSEIGNEMENT DU FRANÇAIS AUX ÉTRANGERS

Cours de langue et de civilisation françaises

méthode complète d'étude du français
publiée sous la direction de G. MAUGER,
avec le patronage de l' " Alliance Française "

5 volumes parus :

I PREMIERS PAS EN FRANCE avec disques

II LES PROVINCES FRANÇAISES avec disques

III PARIS

IV LA FRANCE ET SES ÉCRIVAINS
textes pour l'étude de la civilisation française

V GRAMMAIRE PRATIQUE DU FRANÇAIS D'AUJOURD'HUI

Le français élémentaire (pour enfants)
par G. MAUGER et G. GOUGENHEIM
Méthode de français parlé, sur la base du
français fondamental 2 livrets avec disques

Le français accéléré (pour adultes)
par G. MAUGER et M. BRUÉZIÈRE
Méthode intensive de français parlé, sur la base
du français fondamental

Contes et récits en français facile
par G. MAUGER

HACHETTE, 79 BD SAINT-GERMAIN. PARIS

Verbs

écrire (to write)   aller (to go / to come)
j'écris   je vais
vous écrivez   il/elle va
il/elle écrire   vous allez

fais (to do/make)   mettre (put)
je fais   je mets
vous faites   vous mettez
il/elle fait   il/elle met

vouloir (to have to / want)   sais (to know / how to)
je veux   }
vous voulez   } want   je sais
il/elle veut   vous savez
je peux   }   il/elle sait
vous poviez   } have
il/elle peut

donne (give)
je donne
nous donnez
il/elle donne

Ceux qui voudront poursuivre
leurs études au-delà
du « Français accéléré »,
pourront utiliser
la collection
Cours de « Langue et Civilisation françaises ».
Le tome I leur permettra
de consolider les notions acquises
avec le présent ouvrage.
Les tomes II, III et IV
les familiariseront avec
les **difficultés** de la langue
et les aspects
de la **civilisation** française
(la Province,
Paris, les Français).

mettre (put)
je mets
vous mettez
il/elle met

Il y a (there is)

Il n'y a pas (there is not)

Non, Il n'en a pas / non, je n'en ai pas (négative reply) no, I have not

avertissement

lists: Q) Avez vous une échelle et une clé ?

Non, je n'ai ni échelle ni clé.

(nor)

Le présent ouvrage se distinguera nettement des autres publications Mauger-Hachette, qui ont obtenu la faveur des Professeurs étrangers.

Il ne s'agit plus, comme dans les quatre volumes du **Cours de Langue et Civilisation françaises**, d'un cycle complet d'études menant à la connaissance approfondie d'une langue et d'une civilisation ou, comme dans le **Français Elémentaire**, d'un livre destiné aux enfants, mais d'une méthode pour adultes permettant une **maîtrise rapide** de la phrase parlée, selon une progression active, sous une forme aussi vivante et gaie que possible.

I / UNE MÉTHODE POUR ADULTES.

Cet ouvrage s'adresse particulièrement aux étrangers, hommes ou femmes, que leur profession met en rapports avec des Français, ou qui sont appelés à faire un stage d'information en France : ingénieurs, savants des laboratoires, ouvriers, fonctionnaires, employés de commerce ou de bureau, techniciens, architectes, avocats, médecins, etc.

Le **Français accéléré** conviendra aux **Universités populaires** et à certains **cours du soir**. Mais il est également conçu pour permettre à l'étudiant de travailler seul.

II / UNE MAITRISE RAPIDE DE LA PHRASE PARLÉE.

Dans cette vue, le vocabulaire est emprunté au « Français fondamental » (1er degré), tel qu'il a été établi, sur des bases scientifiques, par le Centre d'études de Saint-Cloud. Aussi n'excède-t-il pas ce qui peut être assimilé **en une année de travail**, à raison de 3 ou 4 séances hebdomadaires d'**une heure à une heure et demie**.

La maîtrise des constructions grammaticales étant essentielle, indispensable à qui veut entendre et se faire entendre en français, le premier cycle de cet ouvrage (27 leçons) met l'étudiant en mesure de **construire** correctement les éléments d'une conversation, ou de suivre un exposé fait en français.

I.S.B.N. 2.01.000800.6

© 1964, Librairie Hachette.

Ces notions grammaticales se présentent, de façon concrète et concise, sous forme de tableaux insérés dans le corps de la leçon.

En outre, au terme de ce premier cycle, l'étudiant connaît les expressions lexicales les plus nécessaires aux entretiens journaliers, y compris ceux qui intéressent l'homme et la femme assujettis aux obligations et aux soucis d'une profession. Notons, à cet égard, que 150 termes environ d'un usage universel, ont dû être ajoutés à la liste du Français fondamental, 1er degré ; par exemple : *dactylo, chômage, sécurité sociale.*

III / UNE PROGRESSION ACTIVE,

c'est-à-dire que les notions sont présentées selon **l'urgence** : d'où ce premier cycle, repris et complété par un second cycle ; d'où, aussi, puisqu'il s'agit d'adultes exerçant une profession, la place donnée à certaines formes de verbes : ainsi, le subjonctif apparaît avant l'imparfait de l'indicatif parce qu'il est certainement plus nécessaire dans une conversation technique.

La dernière forme verbale étudiée est le passé simple (3e personne du singulier et du pluriel). Le rôle important qu'il joue dans les articles de presse (donc dans la langue quotidienne) ne saurait être oublié.

A cette méthode, dont M. Mauger a établi la progression, rédigé les leçons, conduit la rédaction et les dessins, M. Bruézière a étroitement collaboré par l'invention des textes pour la conversation et des exercices. Les auteurs ont bénéficié, en outre, du concours de M. Gougenheim pour le vocabulaire emprunté au français fondamental et de Mme Ioannou, pour l'introduction de plusieurs dialogues ou historiettes.

G. MAUGER et M. BRUÉZIÈRE

Aperçu pratique des symboles utilisés dans ce livre pour les exercices de prononciation

Les parenthèses encadrent les lettres qui ne se prononcent pas : comprenez (z)-vou (s) ? - oui, j (e) vou (s) compren (ds).

1 / Voyelles orales :

[é]	écrivez (é fermé)
[è]	le kilomètre - mettre - le maître vous êtes (ouvert)
[ó]	le stylo (fermé)
[ò]	l'homme (ouvert)
[eú]	tu veux - Monsieur (fermé)
[eù]	la fleur - l'œil (ouvert)

2 / Voyelles nasales :

[in]	le vin - le pain - il vient (fermé)
[un]	un - brun (ouvert)
[an]	un étudiant - tu entends
[on]	bon - compter

3 / Semi-voyelle y
prononcée comme un yod

[i+y]	la fille
[è+y]	le conseil - le crayon
[a+y]	tailler
[oi+y]	un employé

4 / Consonnes :

[f]	la fenêtre - le téléphone
[g]	la glace - la fatigue
[j]	le journal - le voyage
[k]	je comprends - cinq - qui - un kilo
[s]	six - ce
[z]	l'usine - zéro - sixième.

1er cycle

Regardez : Voilà Monsieur Kati.
C'est un étudiant.

Voilà Madame Ripa.
C'est une étudiante.

Écoutez : Moi, **je suis** un **professeur.**
Vous, **vous êtes** un étudiant.

Moi, je suis un professeur.
Vous, vous êtes une étudiante.

Écoutez : Est-ce que je suis un professeur?
Répondez : Oui, Monsieur, vous êtes un
professeur.

Est-ce que je suis un professeur ?
Oui, Madame, vous êtes un professeur.

Est-ce que vous êtes un professeur ?
*Répondez : Non, Monsieur, je **ne suis pas***
un professeur, je suis un étudiant.

Est-ce que vous êtes un professeur?
*Répondez : Non, Madame, je **ne suis pas***
un professeur, je suis une étudiante.

Le signe ‿ marque la liaison *sonore* de la consonne finale avec la voyelle initiale.

non, je ne caute pas un professeur

`Regardez :` Voilà un **livre** :
c'est **mon** livre, à **moi**.
Voilà un livre :
c'est **votre** livre, à **vous**, Monsieur Kati.

Écoutez : Je suis votre professeur.
Est-ce que je suis votre professeur ?
Répondez : Oui, Monsieur, vous êtes
mon professeur.

un étudiant		**une étudiante**
un marchand		**une marchande**
un homme	**Je suis**	**une femme**
	Vous êtes	
un livre	***Est-ce que* vous êtes ?**	**une table**
	Je *ne* suis *pas*	
	M. Martin	
	Je suis M. Kati	
un sac	***Mon* professeur**	**une clé**
	***Votre* professeur**	
un banc	*la radio*	**une chaise**
	la television	

Un étudiant **avec** son livre.   Une étudiante **avec** son sac.   Un marchand **avec** une marchande.

Prononciation[1]

[é]   **étudian(t)**, **réponde(z)**.
[a]   **Kati, Ripa, tabl(e)**.
[ò]   **homm(e), votre**.
[eù] **professeur**.

[è/in]   **Martin**.
[a/an]   **ban(c), étudian(t e)**.
[eù/un] **un** sac, **un** ban(c), **un** homm(e).

La phrase française[2]

Bonjour, Monsieu(r) [= meú sieú]. - Bonjour, Madam(e).
Au r(e)voir, Monsieu(r). - Au r(e)voir, Madam(e).

Je suis
vous êtes
j'ecoute
vous ecoutez

---

(1) Les parenthèses ( ) encadrent les lettres qui ne se prononcent pas.
(2) Pratique *accélérée* des *structures* de la langue parlée.

Est-ce que vous je n'ecoute pas

— Regardez !
— Oui, je regarde.

— Ne regardez pas !
— Non, je ne regarde pas.

— Écoutez !
— Oui, j'écoute.

— N'écoutez pas !
— Non, je n'écoute pas !..

— **Attention !** Regardez à gauche !

— **Maintenant,** regardez à **droite !**

Écoutez :
— Je suis M. Martin. Mon nom est Martin.
Répondez :
— *Est-ce que* vous **comprenez ?**
— **Non.**
— Vous ne comprenez pas ?
— *Non, je ne* **comprends** *pas.*
— Alors, regardez !

— Est-ce que vous comprenez, **maintenant ?**
— Oui, je comprends.
— Je suis M. Martin. Mon nom est Martin.
Je **m'appelle** Martin.
— Vous êtes M. Martin. Votre nom est
Martin. Vous vous appelez Martin.

— Monsieur, *quel* est votre nom ?
— Mon nom est Dinba.
— Bien. J'écris votre nom.
— Monsieur Dinba, écrivez votre nom.
— J'écris mon nom.
— Bien.

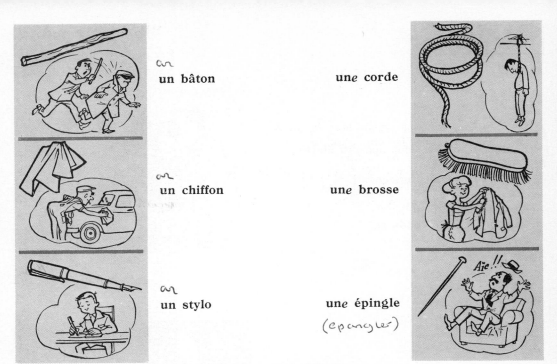

un bâton   une corde

un chiffon   une brosse

un stylo   une épingle
(epangles)

Mon nom *est* Martin

J'écris - Vous écrivez - *Est-ce que* vous écrivez ?
Je *n'*écris *pas*

Je comprends - Vous comprenez - *Est-ce que* vous comprenez ?
Je *ne* comprends *pas*

Prononciation

[é] **é**cri**v**e(z).
[è] vous ê͜t(es), **e**(st)-c(e) que vous ê͜t(e)s ?
[a] **s**a**c**, **t**a**bl**(e).
[ò] **c**o**rd**(e), **h**o**mm**(e).
[ó] sty**l**o.

[in] é**p**in**gl**(e), Mart**in**, **D**in**g**a.
[an] **b**an(c), étudi**an**(t).
[eù] professe**ur**.
[eú] **m**on**sieu**(r).

———

[è]   **E**st-c(e) que vous ê͜t(es) Pie**rr**(e) ?
[eú]   Non, **M**on**sieu**(r). **J**e suis René.

La phrase française

— Est-c(e) que vous écri**v**e(z) ?
— Et moi, est-c(e) que j'écri(s) ?
— Est-c(e) que vou(s) compren**e**(z) ?

— Oui, j'écri(s). [Non, j(e) n'écri(s) pa(s)...]
— Oui, vous écri**v**e(z).
— Non, je n(e) compren(ds) pa(s).

6

— Bonjour, monsieur, vous êtes étudiant?
— Oui, monsieur, je suis étudiant.
— Vous êtes monsieur Kapp?
— Non. Je ne suis pas M. Kapp, je suis M. Koll.
— Ah! Très bien. J'écris votre nom :
　　Koll avec deux *l*, ou un *l*?
— Avec deux *l*.

— **Police!** (f)　　　　　　　　　— Ah!　　　　　　— Oui, **oui**, je comprends,
　　Quel est votre nom?　　vous ne comprenez pas?　　maintenant : mon **nom**
— Je ne comprends pas.　　Et ça, vous comprenez?　　est Dupan. Je m'appelle
　　　　　　　　　　　　　　　　　　　　　　　　　　　Dupan.

7

Regardez : Voilà un **ouvrier**.
Écoutez :   C'est M. Pati.
      M. Pati **travaille**.
      Il travaille *dans* un
      atelier.

Voilà un **employé**.
C'est M. Zino.
M. Zino travaille.
Il travaille *dans* un
magasin.

Voilà un **ingénieur**.
C'est M. Rava.
M. Rava travaille.
Il travaille *dans* une
usine.

Mademoiselle Roza
est une **ouvrière**.
Elle travaille *dans* un
atelier.
Elle travaille *avec* M. Pati.

Madame Till est une
employée.
Elle travaille *dans* un
magasin.
Elle travaille *avec* M. Zino.

Madame Fati est une
dactylo.
Elle travaille *dans* une
usine.
Elle travaille *avec* M. Rava.

— Monsieur, vous êtes employé. Vous travaillez
   dans un magasin.

— Monsieur Zino, *êtes-vous* employé ?

— Oui, je suis employé.

— Vous travaillez ? Où ?

— Je travaille dans un magasin.

— Qu'est-ce que vous **dites***?

— Je dis : « Je travaille dans un magasin. »

— Ah ! très bien.

8

— Toc ! Toc !

— Entrez ! Mademoiselle, *vous êtes* étudiante dans ma **classe** ?

— Oui, monsieur, je suis étudiante dans votre classe.

— Quel est votre nom?

— Mon nom est David. Je suis Mlle David.

— Écrivez votre nom. Est-ce que vous me comprenez?

— Oui, je vous comprends. J'écris mon nom... voilà.

— Merci, mademoiselle. Vous parlez français?

— Je parle **un peu** français.

Verbes en **e**	Je suis, vous êtes, il (elle) est.
Je travaill**e** ; vous travaill**ez** ; il (elle) travaill**e** - travaill**ez** !	Je dis*, vous dites ; il dit (elle) dit - dites !
Je parl**e** ; vous parl**ez** ; il (elle) parl**e** - parl**ez** !	
Je regard**e** ; vous regard**ez** ; j'écout**e** ; vous écout**ez**.	Je comprends*, vous comprenez, il (elle) comprend - comprenez !
Est-ce que vous travaillez ? - Travaillez-*vous* ?	J'écris*, il (elle) écrit - vous écrivez, écrivez !
	Qu'est-ce que vous dites ?

Voilà un étudiant **avec** un livre ; voilà une étudiante **avec** un livre.
Voilà un étudiant **sans** livre ; voilà une étudiante **sans** livre.

Prononciation

[in] magas**in**, M. Mart**in**.
[un] **un** ban(c), M. Lebr**un**.
[an] étudi**an**(t), franç**ai**(s), **em**ployé.

[in] est-c(e) que M. D**in**ga e(s)t **in**génieur ?
— Non, il e(s)t employé dans un magas**in**.
[on] m**on** n**om** e(st) « Leb**on** ».

La phrase française

Comprene(z)-vou(s) ? — Est-il ingénieur ?
Me comprene(z)-vou(s) ? — Oui, j(e) vou(s) compren(ds).

Voyez les verbes marqués * aux pages 182 et suivantes.

Roméo et Juliette en classe.
— Bonjour, mademoiselle.
— Bonjour, monsieur.
— Êtes-vous étudiante?
— Oui, mais je suis aussi dactylo, et je travaille dans un magasin.
— Quel est votre nom?
— Juliette.
— Et vous, monsieur, vous travaillez **aussi?**
— Oui.
— Où ça?
— Dans une usine.
— Et quel est votre nom?
— Roméo.
— Roméo et Juliette ici, dans ma classe! Et Roméo parle français! Et Juliette aussi!

Monsieur Martin, professeur de français, à M. Zipp, étudiant:
— Où travaillez-vous, monsieur Zipp?
— Je travaille dans une usine.
— Où ça?
— **Rue** Pasteur, dans une usine, avec M. Lebon. Là, **tout le monde** parle français; pas moi.
— Vous parlez un peu, pourtant.
— Oui, mais je ne parle pas **bien**. Je parle **mal**.

— Monsieur, est-ce que je travaille bien?
— Non, vous travaillez mal; **sortez***!
— Qu'est-ce que vous dites? Je ne comprends pas.
— Vous ne comprenez pas? Je dis : sortez!
— Bien, bien, je comprends! je comprends!

Entrez!

Sortez!

Je suis bien!

Je suis mal!

— Qu'est-ce que c'est ?

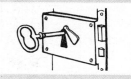

— C'est une clé.

C'est *ma* clé *à moi*.
C'est *ma* clé.

— Qu'est-ce que c'est?
— C'est *votre* **crayon** *à vous*,
C'est *votre* crayon.

— Qu'est-ce que c'est?
— C'est *son* stylo *à elle*,
C'est *son* stylo.

Dans mon livre je lis
ma leçon. Dans votre livre
vous lisez votre leçon.

— Où est mon stylo?
Je **cherche** mon stylo.
— Votre stylo est *sous* vo-
tre sac.
— Ah! oui! **merci.**

— Où est ma clé?
Je **cherche** ma clé.
— Votre clé est *dans* votre
poche.
— Ah! oui! merci.

— Où est mon crayon?
Je **cherche** mon crayon.
— Votre crayon est *sur*
votre **oreille.**
— Ah! oui! merci.

C'est **son** livre à **lui.** — C'est **son** livre à **elle.**

— Monsieur, est-ce que **vous avez** un stylo? | — Est-ce qu'**il a** un stylo?
— Oui, **j'ai** un stylo dans ma poche. | — Oui, **il a** un stylo dans sa poche.

Je travaille dans une usine. Je suis ouvrier dans une usine. C'est mon **métier.**

— Est-ce qu'il a un métier ?
— Oui. Il a un métier : il est ouvrier dans une usine.
— Et vous, mademoiselle, est-ce que vous avez un métier?
— Oui, monsieur. J'ai un métier : je travaille dans un magasin.
— Et vous, monsieur, est-ce que vous avez un métier?
— Oui, je suis ingénieur.
— Vous avez un **bon** métier, vous avez un bon **salaire**; vous **gagnez beaucoup** d'argent.

11

J'ai un bon **directeur**.

Il a un **mauvais** directeur.

earn	*have*	*read*
je gagn**e**	j'ai	je lis
vous gagn**ez**	vous avez	vous lisez
il (elle) gagn**e**	il (elle) a	il (elle) lit

in *on* *under*

dans le livre, *sur* le livre, *sous* le livre

mon stylo	*votre* stylo	*son* stylo
ma clé	*votre* clé	*sa* clé

Prononciation

[i, u]	Pati, Zuno, stylo, **J**uliett(e), **u**sin(e).
[s]	salair(e), mer**c**i, le**ç**on.
[z]	u**s**in(e), maga**s**in.
[k]	je **c**ompren(ds), **cr**ayon.
[g]	vous **g**agne(z) ; ma**g**asin.
[ch]	po**ch**(e), **ch**iffon.
[j]	je compren(ds), in**g**énieur.

[i]	Lili, di(s) merci. Je di(s) merci.
[u]	Lulu fum(e) un(e) pipe.
[ch]	Madam(e) **Ch**ata **ch**er**ch**(e) un(e) **ch**ais(e) et un **ch**iffon.

La phrase française

Bonjour, Madam(e) — Bonjour, Monsieu(r) — Me comprene(z)-vous ? Oui, j(e) vou(s) compren(ds).

— Tiens, bonjour, Maria ! Travaillez-vous, maintenant?
— Oui, et j'ai un bon métier.
— Où travaillez-vous?
— Je suis dactylo dans un magasin.
— Vous avez un bon salaire?
— Oui, je gagne beaucoup, parce que je parle français.
— Ah ! **très bien.** »

J'ai froid

J'ai faim

J'ai chaud

J'ai soif

Vous avez peur !

13

— Monsieur, écrivez votre nom.
— Oui, mais où est mon stylo?
— **Prenez*** *le* stylo *de* M. Jiro.
Attention ! *Ne* prenez *pas*
le stylo *de* Mlle Tipa.

— Madame, lisez la leçon.
— Mais, où est ma grammaire?
— Prenez *la* grammaire *de* Mme Pira.
Attention ! *Ne* prenez *pas*
la grammaire *de* Mlle Tipa.

— *Est-ce que* vous travaillez? *Est-ce que* vous avez
un travail?
— Non, je n'ai *pas de* travail. Je suis en **chômage**.

— *Est-ce que* M. Chata a
un métier?
— Oui, il a un métier (il a
une **profession**), il est
menuisier.

— **Attention à la police !**
Voyagez avec votre **pas-**
seport ! (m.).
— Ne voyagez pas sans
votre passeport !

— *Est-ce que c'est* le professeur?

— Oui, *c'est* le professeur *de* français.

— Monsieur, vous êtes bien le professeur
de français?
— Mais oui, je suis bien le professeur de
français.

— Monsieur, *est-ce que* vous avez un stylo?
— Non, je n'ai *pas de* stylo,
je n'**en** ai pas.

— *Est-ce qu'*elle a un passeport ?
— Non, elle n'a pas de passeport,
elle n'**en** a pas.

Le passeport de M. Lebon.

République française
Passeport
Nom : LEBON
Prénom : André
né le : 2 mai 1935
à : PARIS
Nationalité : Français
Profession : Ingénieur
Domicile : 201, rue de Rome, PARIS

J'apprends* le métier de menuisier.

J'apprends le français.   Vous, vous n'apprenez pas le français,

vous **savez*** déjà le français.

Qu'est-ce que c'est ? - *C'est* le livre de M. Zano.
- *C'est* la clé de Mme Zi.

Je n'ai *pas de* clé.

Je prends ; vous prenez ; il (elle) prend - prenez !
J'apprends ; vous apprenez ; il (elle) apprend - apprenez !
(Je comprends ; vous comprenez ; il (elle) comprend - comprenez !)
Je sais ; vous savez ; il (elle) sait - sachez !

Prononciation

[i] Monsieu(r) **Mi**ti **di**(t) mer**ci**.
[u] **Ursul**(e) **fum**(e) dans la **ru**(e).
[ou] **Vou**[s] gagne[z] beau**cou**[p].
[ch] M. **Ch**ata a le **ch**iffon de Mm(e) **Ch**ata dan(s) sa po**ch**(e).

La phrase française

Le stylo est à moi : c'est mon stylo.
Est-c(e) votre stylo ? — Non, il est à vou(s).
J(e) n'ai pa(s) d(e) travail. J(e) n'en ai pa(s).
Ave(z)-vou(s) du travail ? — Non, j(e) n'en ai pa(s). J(e) sui(s) en chômag(e).

15

— Toc ! Toc !

— Entrez !

— Bonjour, monsieur.

— Bonjour, mademoiselle, **asseyez-vous***. Écrivez : *set down*

Ia govoriou po rousski. (Je parle russe).

— Qu'est-ce que vous dites ? *what did you say ?*

— Je dis : écrivez : *Ia govoriou po rousski.*

— Oh ! vous n'êtes pas le professeur de français ?

— Non, je suis le professeur de **russe. »**

Il prend.
take

Il apprend.
learn

Il comprend.
understand

Prenez un **manteau** !

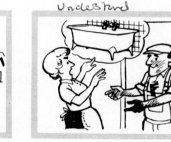

Prenez un **bain** !

Prenez le **train** !

Prenez **garde** !
(= attention !)

Quand **on** a froid, **on** met un manteau, **on** met **son** manteau.

On = *moi, vous, tout le monde.*

EXERCICES
(Leçons 1 à 5)

1. Qu'est-ce que c'est ?

2. Où travaillez-vous ?

Je suis ouvrier,   je travaille dans un a*telier*
— dactylo,   —   — un b *ureau*
— employé,   —   — un m *agasin*
— professeur,   —   — une ém*ployée*
— secrétaire,   —   — un b *anc*
— ingénieur,   —   — une u*sine*

3. Est-ce que c'est ?

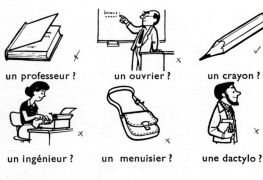

un professeur ?   un ouvrier ?   un crayon ?

un ingénieur ?   un menuisier ?   une dactylo ?

4. Mettez : *un ou une*

... étudiante ; ... magasin ; ... crayon ; ...
secrétaire ; ... usine ; ... école ; ... bureau ; ...
employée ; ... marchand ; ... homme ; ... table ;
... clé ; ... bâton ; ... ouvrier ; ... brosse ; ... rue ;
... oreille ; ... nom ; ... classe ; ... épingle.

5. Mettez : *le ou la*

... dactylo ; ... salaire ; ... livre ; ... poche ;
... sac ; ... métier ; ... travail ; ... atelier ;
... profession ; ... grammaire ; ... passeport ;
... nationalité ; ... domicile ; ... peur ; ... soif ;
... manteau ; ... train ; ... bain ; ... corde ;
... chiffon ; ... femme ; ... faim.

6. Mettez : *mon, ma, son, etc.*

Je prends   ... stylo. (m)
Elle apprend   ... leçon. (f)
Écrivez   ... nom. (m)
Il écoute   ... professeur. (m)
Je lis   ... livre. (m)
Vous regardez ... directeur. (m)

7. Mettez : *il ou elle*

Je suis dactylo. Je travaille dans un bureau. J'ai un
bon salaire. Je suis étudiant. Je ne parle pas, mais
je lis et j'écris beaucoup. J'écoute bien mon
professeur et je comprends sa leçon.

8. Mettez aussi : *vous*

9. Mettez : *dans, sur, avec, sans*

Il a un livre ... sa table.
Vous êtes en chômage. Vous êtes ... travail.
Il écrit son nom ... son stylo.
J'ai une clé ... ma poche.
Le marchand a un crayon ... son oreille.
J'apprends le français ... un professeur.
La dactylo est ... son bureau.
Un ouvrier travaille mal ... un bon salaire.

10. Répondez :

Est-ce que vous comprenez ?
Oui, je ...   Non, je ...
Est-ce que vous avez un métier ?
Non, je ...   Oui, j' ...
Quel est votre nom ?
Parlez-vous français ?
Non, je ...   Oui, je ...
Parlez-vous bien, ou parlez-vous mal ? Je ...
Est-ce que vous êtes bien sur votre chaise ?
Oui, je ...   Non, je ...
Est-ce que c'est votre stylo ?
Oui ...   Non ...
Qu'est-ce que c'est ? ... (directeur).
Qu'est-ce que c'est ? ... (clé).
Est-ce que vous avez un passeport ?
Oui ...   Non ...

17

11. Écrivez : votre nom, etc. (reproduire un passeport).

    Nom :

    Prénom :

    Né le :

    à :

    Nationalité :

    Profession :

    Domicile :

12. Mettez : *il, elle,* **puis :** *vous*

Je prends mon bain.

J'écris mon nom.

Je comprends un peu le français.

Je sais le russe.

J'ai faim et j'ai soif.

Je lis dans mon livre.

Je gagne beaucoup d'argent.

Je suis mal sur ma chaise.

Je dis que je comprends bien le professeur.

J'écoute mon directeur.

13. Mettez : *on* (exercice 12).

(exemple : *on* prend *son* bain.)

14. Mettez : *je,* puis *vous.*

Il apprend le russe.

Il est dans le magasin.

Il parle mal le français.

Il sort avec son professeur.

Il sait très bien sa leçon.

Il entre dans le bureau.

Il lit sa grammaire.

Il a peur.

Il prend son bain.

Il travaille dans une usine.

15. Mettez : *ne ... pas (il n'apprend **pas** le russe).*

Puis : je n'appr... pas le russe,

vous n'appr... pas le russe, etc.

16. Mettez : *ne ... pas.*

Il a froid.

Vous avez soif.

Il prend le train.

La dactylo comprend l'anglais.

Elle a faim.

L'étudiante a un stylo dans son sac.

[Attention ! l'étudiante ... *de stylo.*]

Dans mon métier je gagne beaucoup d'argent.

J'ai chaud.

Regardez à droite.

Prenez votre manteau.

Asseyez-vous sur le banc.

La marchande écrit bien.

Dites votre nom.

17. Complétez :

Je ga... beaucoup d'argent : j'ai un bon salaire.

Elle n'a pas froid : elle a ch...

Vous ne parlez pas bien : vous parlez m...

Mon crayon n'est pas bon : il est m...

Ne regardez pas à gauche : regardez à d...

Ce livre ... à moi : c'est ... livre.

C'... votre manteau : ce manteau est à v...

Où est son stylo ? Il est dans s... po...

18. Complétez :

Je parle, vous ...

Vous comprenez, je ...

J'ai, vous ...

Vous travaillez, je ...

J'apprends, vous ...

Vous êtes, je ...

Je lis, vous ...

Vous sortez, je ...

Je dis, vous ...

Vous écrivez, je ...

19. Mettez : je parle le ... etc.

Je ne parle pas le français.

Je ne dis pas mon nom.

Vous ne lisez pas la leçon.

Vous n'êtes pas une étudiante.

Vous n'avez pas de livre.

Vous ne cherchez pas de clé.

Je ne travaille pas bien.

Vous ne savez pas le russe.

Vous n'apprenez pas le français.

Je ne sors pas dans la rue.

Une auto - L'auto - Mon auto -
grand, grande

— *Qu'est-ce que c'est?*
— C'est un crayon.
— Oh! il est **grand**!

— *Qu'est-ce que c'est?*
— C'est un crayon.
— Oh! il est **petit**!

Ma clé est petit**e**.

 Ma clé est grand**e**.

J'ai un grand crayon.
J'ai un bon crayon.
J'ai un bon directeur.
Il a une bon**ne pipe**.

J'ai un petit crayon.
J'ai un mauvais crayon.
J'ai un mauvais directeur.
Il a une mauvais**e** pipe.

Voilà M. et Mme Pato. M. Pato est grand. Mme Pato est petite.
Mme Pato travaille dans un magasin. Le magasin de Mme Pato est grand.
M. Pato travaille dans un atelier. L'atelier de M. Pato est petit.
L'atelier de M. Pato est dans une grande usine. C'est l'usine de M. Dupan.

1. M. Dupan est directeur de l'usine. M. Dupan dit : « C'est mon usine ».
2. Voilà un ouvrier de l'usine Dupan.
3. Et voilà une **échelle**. C'est l'échelle de l'ouvrier. C'est son échelle.
4. M. Fix est l'ingénieur de l'usine Dupan.

19

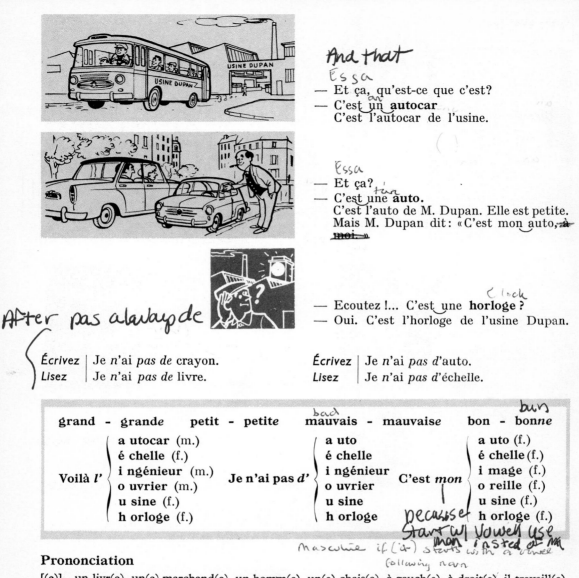

And that

Essa

— Et ça, qu'est-ce que c'est?
— C'est un **autocar**
  C'est l'autocar de l'usine.

Essa

— Et ça?
— C'est une **auto.**
  C'est l'auto de M. Dupan. Elle est petite.
  Mais M. Dupan dit: «C'est mon auto, à moi.»

Clock

— Ecoutez!... C'est une **horloge**?
— Oui. C'est l'horloge de l'usine Dupan.

After pas always de

Écrivez	Je *n'ai pas de* crayon.	Écrivez	Je *n'ai pas d'*auto.
Lisez	Je *n'ai pas de* livre.	Lisez	Je *n'ai pas d'*échelle.

	grand - grande	petit - petite	mauvais - mauvaise	bon - bonne
Voilà l'	a utocar (m.) é chelle (f.) i ngénieur (m.) o uvrier (m.) u sine (f.) h orloge (f.)	Je n'ai pas d'	a uto é chelle i ngénieur o uvrier u sine h orloge	C'est *mon*	a uto (f.) é chelle (f.) i mage (f.) o reille (f.) u sine (f.) h orloge (f.)

Prononciation

[(e)] un livr(e), un(e) marchand(e), un homm(e), un(e) chais(e), à gauch(e), à droit(e), il travaill(e).
[i] M. Zi, Mme Tipa - [u] usine, M. Dupan - [ou] ouvrie(r), où?
[ui] je sui(s), menuisie(r).

[ou] M. Bour est ouvrie(r) — Où? — Che(z) Roufou— Il gagn(e) beaucou(p)? — Oui, beaucou(p).
[ui] Je sui(s) menuisie(r) — Moi, je n(e) sui(s) pa(s) menuisie(r); je sui(s) cuisinie(r).

La phrase française

J'ai froi(d). — Ave(z)-vou(s) un manteau? — Non, j(e) n'en ai pas. J(e) n'ai pas d(e) manteau.
La clé e(s)t à moi. C'e(st) ma clé. — Oui, la clé est à vou(s). C'est votre clé.
Vous m(e) comprene(z)? — Oui, j(e) vous compren(ds).
Comment alle(z)-vou(s)? — J(e) vais bien (ou : ça va!).

20

— Bonjour, monsieur, asseyez-vous. Est-ce que
vous avez un **cahier**, un petit cahier ?
— Non, je n'ai pas de cahier.
— Et une **feuille de papier**, une petite feuille de papier ?
— Non, je n'ai pas de feuille de papier; je n'en ai pas.
— Un stylo ?
— Je n'en ai pas.
— Alors, un crayon ?
— Je n'en ai pas.
— Qu'est-ce que vous dites ? Vous n'avez pas de cahier,
ni de stylo, ni de crayon ? Quand on n'a **ni** cahier,
ni stylo, **ni** crayon, on est un mauvais étudiant !
— Je ne suis pas un étudiant : je suis le **concierge** de
l'école !

M. Zi est un bon *camarade*.

Mlle Tipa est une mauvaise camarade.

— René, écrivez sur le tableau : *Je suis un grand étudiant*[1].
— Je n'ai pas de **craie**, monsieur.
— La craie est sur ma table.
— Non, monsieur, il n'y a pas de craie sur votre table.
— Où est-elle alors ?
— Ah ! la voilà : elle est dans ma poche !

_____

1. Prononcez : grantétudian.

Un mauvais ouvrier...
— Antoine, vous n'écrivez pas ? Pourquoi ?
— Je n'ai pas de stylo.
— Écrivez avec un crayon.
— Je n'en ai pas.
— Alors, écrivez sur le tableau.
— Je suis trop petit. Et puis la craie n'est pas bonne.
— Eh ! bien, écrivez avec votre nez...
— Écrire... quoi ?
— Un mauvais ouvrier n'a jamais d'outil.

21

Regardez :

J'écris : « leçon 7 », **qu'est-ce que** je **fais** ?
— Vous écrivez « leçon 7 ».

— Monsieur, écrivez « leçon 7 ».
— **Qu'est-ce que** vous **faites** ?
[*Dites :* « J'écris « leçon 7 ». »]

Écoutez :
— Maintenant je vous **donne** un livre.
— Vous, Monsieur Rapi, *donnez*-moi un livre.
  [*Dites :* « Je vous donne un livre. »]
— Je vous donne un livre.
— Vous me *donnez* un livre.

— Je vous *donne* mon livre. *Qu'est-ce que* je **fais** ?
— Vous me *donnez* votre livre. Merci, monsieur.
— Bien. *Donnez*-moi votre livre. *Qu'est-ce que vous faites?*
— Je vous *donne* mon livre.

Je veux lire. Mais je n'ai pas de livre...
Alors, je ne **peux** pas lire.
Monsieur Daru, donnez-moi votre livre, **s'il vous plaît.**
Vous me donnez votre livre...
Merci, monsieur. Maintenant, je *peux* lire.

Je **veux** écrire. Mais je n'ai pas de crayon.
Madame Daru, donnez-moi votre crayon, s'il vous plaît.
Merci, madame. Maintenant je *peux* écrire.

— Monsieur Daru, voulez-vous lire?
  (*Est-ce que vous voulez* lire?)
— Oui, je *veux bien*. Mais je n'ai pas de livre : vous avez
  mon livre.
— Ah ! oui. Tenez, voilà votre livre.
  Maintenant vous *pouvez* lire.
— Oui, je *peux* lire.

— Voulez-vous **dormir** ?
— Oui. Mais je n'ai pas de **lit**. Il n'y a pas
  de lit dans la classe !

22

— Voulez-vous **voyager** ?
— Oui, mais je n'ai pas
   d'argent.

— Tenez, voilà de l'argent.
— Je n'ai pas d'auto.

— Voilà mon auto.
— Merci ; maintenant
   je peux voyager.

Attention ! Vous *faites*
une faute.

Il *fait* du **bruit** !

Ah ! ça *fait* du **bien** !

Je fais ; vous faites ; il fait - faites !   Je veux ; vous voulez ; il veut - [veuillez!]
Je peux ; vous pouvez ; il peut.   Je dors ; vous dormez ; il dort - dormez !

Verbes en e :

Je donn*e* ; vous donn*ez* ; il donn*e* ; elle donn*e*.
Je voyag*e* ; vous voyag*ez* ; il voyag*e* ; elle voyag*e*.

Qu'est-ce que je fais ? Qu'est-ce que vous faites ?
Pouvez-vous lire ? *pouvez-vous* écrire ? *pouvez-vous* faire ?
Voulez-vous prendre ? *voulez-vous* dire ? *voulez-vous* donner ?

Prononciation

[a]	ça **va**. [a+y] je trav**ai**ll(e).
[è]	la cr**ai**(e).
[è+y]	le cra**y**on.
[i]	merc**i**, l**i**vr(e).
[u]	M. Daru, **u**sin(e).
[ou]	vou(s) voule(z), nou(s) pouvon(s).
[oi] (=wa)	m**oi**, pourqu**oi** ?

[oi+y] empl**oy**é, je vo**y**ag(e).

---

[u]   M. Daru a **u**n(e) **u**sin(e). L'**u**sin(e)
         de M. Daru f**u**m(e).

[oi+y] (= wa + y) L'empl**oy**é vo**y**ag(e) avec l'empl**oy**é(e).

La phrase française

J(e) vou(s) compren(ds), **vou(s)**.   J(e) vou(s) donn(e) le stylo, **à vous**.
Vou(s) m(e) comprene(z), **moi**.   Vou(s) m(e) donne(z) le stylo, **à moi**.

23

Conversation

Les pipes :

— Monsieur Zi, ne **fumez** pas ! On ne fume pas en classe : il y a des **dames !**

— Je ne fume pas : je n'ai pas de **tabac** dans ma pipe.

— Bon, excusez-moi.

— ...

— Maintenant la classe est finie. Monsieur Zi, vous pouvez fumer.

— Merci, monsieur. Madame Pira, avez-vous du tabac, s'il vous plaît ?

— Oui, monsieur. Et voilà ma pipe !

Politesse :

— Donnez-moi un livre.

— Non, dites : « Donnez-moi un livre, s'il vous plaît. »

— Ah ! oui. Excusez-moi. Donnez-moi un livre, s'il vous plaît.

— Voilà un livre... Eh bien, dites : « Merci. »

— **Excusez-moi.** Merci.

— Non ; dites : « Merci, monsieur. »

— Merci, monsieur.

— C'est bien, maintenant.

— Pardon, monsieur l'agent. Pour aller rue Pasteur, s'il vous plaît ?

— Prenez la première rue à droite, puis la deuxième à gauche. Et vous êtes rue Pasteur. Vous pouvez aussi prendre la deuxième rue à droite, puis la première à gauche.

— Merci, monsieur.

— **A votre service. »**

J'ai chaud !
= Il fait chaud

J'ai froid !
= Il fait froid

Il fait du **vent.**

Faites **quelque chose,** voyons !

— Donnez-moi la craie, s'il vous plaît.
— Voilà la craie, monsieur.
— Merci, Jean. Je prends la craie ; je **la** prends.

— Prenez la craie, maintenant, André.
— Je prends la craie ; je **la** prends.
— Bien. **Mettez*** la craie sur la table.
  [*Dites* : je *mets* la craie sur la table.]

— Est-ce que c'est la table de l'étudiant?
  [*Dites* : non, c'est la table *du* professeur.]

— Je **vais*** *à la* table. Qu'est-ce que je fais?
  [Vous *allez* à la table *du* professeur.]

— Maintenant, je vais *au* tableau. Qu'est-ce que je fais?
— Vous allez *au* tableau.
— Vous, mademoiselle, allez au tableau. Qu'est-ce que vous faites?
— Je vais *au* tableau.
— Très bien. Merci, mademoiselle.

— Donnez la craie *à* votre professeur ; donnez la craie *au* professeur.
— Donnez le crayon *au* professeur.
— Je **le** donne *au* professeur.
— Ecrivez *au* tableau.
— Je ne peux pas écrire : la craie est mauvaise.

25

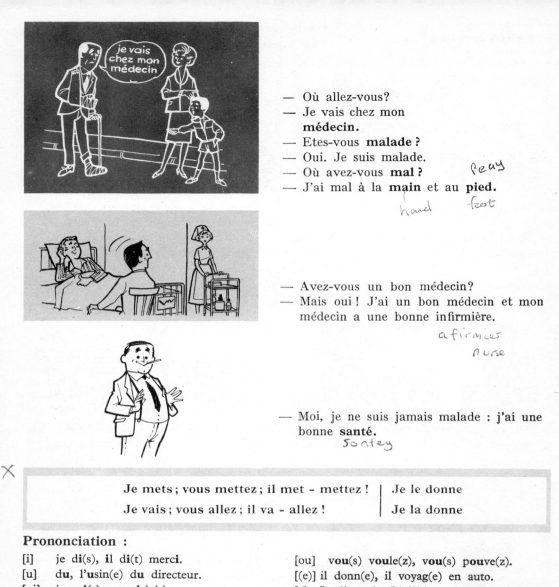

— Où allez-vous?
— Je vais chez mon **médecin.**
— Etes-vous **malade?**
— Oui. Je suis malade.
— Où avez-vous **mal?**
— J'ai mal à la **main** et au **pied.**

— Avez-vous un bon médecin?
— Mais oui! J'ai un bon médecin et mon médecin a une bonne infirmière.

— Moi, je ne suis jamais malade : j'ai une bonne **santé.**

| Je mets ; vous mettez ; il met - mettez! | Je le donne |
| Je vais ; vous allez ; il va - allez! | Je la donne |

Prononciation :

[i] je di(s), **il** di(t) merc**i.**
[u] d**u**, l'**u**sin(e) d**u** directeur.
[ui] je s**ui**(s) men**ui**sie(r).
[ó] **au** table**au**, l'**au**to, l'**au**tocar.

[ou] **vou**(s) **vou**le(z), **vou**(s) **pou**ve(z).
[(e)] il donn**(e)**, il voyag**(e)** en auto.
[s] Le livre de **C**écil**(e)** est ici, **s**ur le livre de ru**ss**(e) de M. Daru.

La phrase française

Donne(z)-moi un livr(e) — J(e) vou(s) donn(e) un livr(e).
Donne(z)-lui un livr(e), à lui — J(e) lui donn(e) un livr(e).
Donne(z)-lui un livr(e), à ell(e) — J(e) lui donn(e) un livr(e).
Donne(z) l(e) livr(e) au professeur — Je l(e) donn(e) [ou : j(e) le donn(e)] au professeur.
Donne(z) la crai(e) au professeur. — J(e) la donn(e) au professeur.

26

— Comment allez-vous ?

— Je ne vais **nulle part** : je reste **ici**.

— Vous ne comprenez pas ! « Comment allez-vous ? » veut dire : « Est-ce que votre santé est bonne ? Êtes-vous malade ? »

— Ah ! je comprends. Je vais bien, merci — Et vous ?

— Moi aussi, je vais bien.

Il va **à pied**.

Il va **à cheval**.

Il va **à bicyclette**.

Il va **en auto**.

Il va **en avion**.

Il va **en bateau**.

Je mets l'auto au **garage**.

Je mets ma **veste**.

Mettez votre chapeau
(ou : **couvrez-vous**)

Attention ! vous mettez
le **feu** à votre **barbe !**

Je vous **permets*** de fumer.

Je ne vous permets pas de fumer ! (ne fumez pas !)

— Attention ! Vous prenez le **chapeau** de M. Kato.

— Oh ! pardon.

— Attention, encore ! vous prenez maintenant le chapeau de M. Toka !

27

un étudiant, des étudiant s
le crayon, les crayon s
les stylos, je les donne

J'écris au tableau. J'écris : 1 crayon, 2 crayons , 3 crayons...

J'écris : 0, 1, 2, 3, 4, 5, 6, 7, 8, 9, 10 - 11, 12, 13, 14, 15, 16, 17, 18, 19, 20.

Je compte : *zéro, un, deux, trois, quatre, cinq, six, sept, huit, neuf, dix, onze, douze, treize, quatorze, quinze, seize, dix-sept, dix-huit, dix-neuf, vingt.*

Comptez de 1 à 20.

Je compte de 1 à 20 : un, deux, trois, quatre, cinq... vingt.

— Bien.

Monsieur, écrivez : un cray*on* - deux cray*ons* - trois cray*ons* - quatre cray*ons*.

J'ai *un* crayon - J'ai *des* crayons (deux, ou trois, ou quatre crayon*s*).

Voilà *le* crayon de M. Zi.

Voilà *les* crayons de Mme Zi.

Voilà 3 crayons -

il y a 3 crayons
sur la table.

J'ajoute (= je mets)
2 crayons.

Maintenant il y a
5 crayons sur la table.

J'ôte (= je prends) 1 crayon.

Maintenant il y a 4 crayons
sur la table.

— Savez-vous compter de 1 à 5?
— Oui, je sais compter de 1 à 5 : « 1, 2, 3,
4, 5. »
— Bien, savez-vous lire?
— Oui, je sais lire : *leçon de français.*
— Très bien.

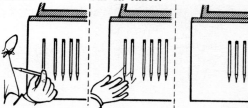

— Monsieur Pira, combien y a-t-il de
crayons sur la table?
— Il y a 4 crayons.
— Bien. Ajoutez 2 crayons. Combien y
en a-t-il?
[*dites* : il y *en* a 6.]
— *Otez* 2 crayons. Combien **reste**-t-il de
crayons? [*dites* : il *en* reste 4.]

28

— Donnez *le* stylo *à l'*étudiant.
— Je **le** donne *à l'*étudiant.
— Donnez *les* stylos *aux* étudiants.
— Je **les** donne *aux* étudiants.

— Donnez *le* sac *à l'*étudiante.
— Je **le** donne *à l'*étudiante.
— Donnez *les* sacs *aux* étudiantes.
— Je **les** donne *aux* étudiantes.

(a les)

un, une, DES le, la, LES	AUX étudiants AUX étudiantes.	Je sais *compter* Je veux *compter* J'apprends *à compter*.

— un crayon. — Je le donne
   des crayon*s*. — Je les donne

— le crayon. — Je le donne
   les crayon*s*. — Je les donne

Prononciation

Un — un étudiant — deu(x) livres — deux étudiants (= deuzétudian) troi(s) livres — trois étudiants (= troizétudian) — quatre livres — quatr(e) étudiants — cinq livres — si(x) livres — six étudiants (= sizétudian) — se(p)t livres — hui(t) livres — huit étudiants — neuf livres — il est neuf heures (= neuveur) — dix (= diss) — di(x) livres — dix étudiant (s= dizétudian) — dix-sept (= diss-set) — dix-huit (= dizuit) dix-neuf (= dizneuf).

[e]   (=eú) l**e**, le styl**o**, j**e**, je veu(x), je peu(x).
[(e)] la marchand(e), le livr(e).
[é]   étudian(t), com(p)te(r), [è] il e(st), il fai(t), je sai(s).
[ó]   **au**to, **au** tabl**eau**.
[oi] m**oi**, dr**oi**te, tr**oi**(s), fr**oi**(d).

[ó]   Je dessin(e) une **au**to sur le tabl**eau**. —Dessinez un styl**o** sur le tabl**eau**. La dactyl**o** a un(e) **au**to.
[ò]   Je dessin(e) un h**o**mm(e) avec une br**o**ss(e). — Ma br**o**ss(e) est dans ma p**o**ch(e). Mon **o**reill(e) entend l'h**o**rlog(e).
[oi] Voilà tr**oi**s employé(s), à dr**oi**t(e). Voilà tr**oi**s employée(s), à gauch(e).

La phrase française

Prene(z) le stylo. — Je l(e) pren(ds). Prene(z) le(s) stylo(s). — J(e) le(s) pren(ds).
Prene(z) la bross(e). — J(e) la pren(ds). Prene(z) le(s) bross(es). — J(e) le(s) pren(ds).
(à lui, à elle) Donne(z)-lui le livr(e). — J(e) lui donn(e) le livr(e).
(à eux) Donne(z)-leur le(s) livr(es). — J(e) leur donn(e) le(s) livr(es).

29

— Combien y a-t-il d'étudiants monsieur Zi ?
— Je compte : un, deux, trois... dix-huit, dix-neuf !
— Non, monsieur Zi. Il y en a vingt.
— Je compte encore une fois : ... dix-neuf !
— Et vous ? Vous n'êtes pas un étudiant ?
— Ah! si! J'ajoute 1 à 19 : oui, ça fait vingt.

Ôtez votre chapeau !

Mettez votre veste !

Papa chien demande à petit chien :
— Vous travaillez bien à **l'école** ?
— Oui, papa.
— Vous apprenez à lire ?
— Non.
— A compter ?
— Non.
— Alors, qu'est-ce que vous apprenez ?
— Les **langues** **étrangères.**
— Quel **mot** savez-vous **déjà** ?
— Miaou.
(Communiqué par M. Théo Marthaler).

30

EXERCICES
(Leçons 6 à 9)

1. Lisez et écrivez :

Paul va à l'école. Il apprend à lire, à écrire et à compter. Il a un livre et des cahiers. Il a aussi un stylo et des crayons. Mais il ne travaille pas très bien. Il n'écoute pas le professeur. Il ne regarde pas le tableau, mais la grande horloge. C'est un mauvais élève.

2. Mettez : *Vous* (vous allez à l'école)... Vous ...

3. Répondez :

Qu'est-ce que vous faites avec votre crayon ? avec votre livre ?
Est-ce qu'un ingénieur travaille dans un magasin ?
Est-ce qu'une secrétaire travaille dans une usine ?
Est-ce qu'un professeur travaille dans une école ?
Est-ce qu'il y a des tables dans une école ? un tableau dans un magasin ? des autos dans un bureau ? des ouvriers dans un atelier ?

4. Mettez : *un, une, des*

... leçon; ... table; ... banc; ... stylos; ... usine; ... métier; ... échelles; ... pipe; ... autocar; ... feuille; ... dames; ... garage; ... chien; ... mots; ... veste; ... image.

— *le, la, l', les*

... magasin; ... chaise; ... livres; ... auto; ... dactylo; ... ingénieur; ... poches; ... étudiante; ... craie; ... écoles; ... infirmière; ... santé; ... outil; ... langues étrangères; ... vent; ... main; ... horloge; ... atelier; ... oreiller.

5. Mettez : *mon, ma, son, sa, votre.*

Il lit ... livre. Je prends ... auto. Vous apprenez ... leçon. Je vais à ... travail. Je vous donne ... grammaire. Le malade regarde ... infirmière. Mettez la clé dans ... poche. L'ouvrier met ... échelle au pied du mur.
Elle dort dans ... lit. Prenez ... manteau. Je mets ... auto dans ... garage. Allez chez ... médecin. L'ingénieur va à ... usine. La marchande entre dans ... magasin.

6. Mettez : *ne ... pas.*

J'ai un stylo.
Il apprend sa leçon de français.
Mettez le livre sur la table.
Il y a une chaise dans la classe.
Vous prenez des livres.
Il y a une employée dans le bureau.
Je mets le feu à la maison.
Je peux écrire au tableau.
Il sait compter jusqu'à 20.
Vous voyagez avec votre chien.
Elle dort bien.
Couvrez-vous.
Vous faites du bruit.
Elle me fait peur.
Vous avez soif.

7. Mettez : *grand, usine, etc.*

Je suis ingénieur dans une gr... u..., mais j'ai un p... salaire.
Vous êtes employé : vous tr... dans un p... bureau, avec une se... et trois da...
Qu'est-ce que vous ap... à l'école ?
J'a... à l..., à é..., à c...
Elle a un m... crayon. Elle é... mal.
Mon directeur n'est pas en bonne santé : il v... chez son m...
Di ...-moi votre nom; écr... le nom de votre camarade.
Est-ce que vous ê... pr... de français ? Oui.
P... — vous me donner des l..., s'il vous plaît ?

8. Comptez :

Il a 2 crayons; et vous, 3. Combien avez-vous de crayons, vous et lui ? *Il le ya 5 (cinq) crayons san*
Vous êtes ingénieur dans une usine. Vous avez 12 ouvriers, 3 dactylos et 2 secrétaires. Combien êtes-vous ? *J'ai 15 employes (quinze) sans*
Voilà 13 livres. Je vous en donne 4. Combien en reste-t-il ? *J'ai dix-sept livres*
Vous avez 9 stylos. Vous m'en donnez 3. Combien en reste-t-il ? *J'ai treize stylos van san*
Ajoutez 11 à 14 : combien cela fait-il ? *25 (vingt cinq)*
J'ôte 8 de 24 : combien reste-t-il ? *16 (seize) sez*

31

9. Mettez : *du, de la, de l', au, à la, à l', aux.*

1 Le professeur donne des crayons ... élèves.
2 Je regarde la grande horloge ... usine.
3 Est-ce que vous allez ... bureau ?
4 Dites-moi le nom ... directeur, s'il vous plaît.
5 Il met la main ... poche.
6 Prenez le sac ... dactylo.
7 Voulez-vous écrire ... tableau ?
8 Elle donne son argent ... infirmière.
9 Le directeur donne un bon salaire ... ouvrier.
10 Le médecin regarde l'oreille ... malade.
11 Voilà le concierge ... école.
12 Regardez le chapeau ... dame.
13 Avez-vous mal ... pieds ?
14 Voulez-vous mettre l'auto ... ingénieur ... garage ?

10. Mettez : *à (au), avec, chez, dans, sans, sous, sur.*

Vous dormez ... votre lit.
L'ouvrier va ... son travail.
Le professeur met son livre ... la table.
J'ai mal au pied, je vais ... mon médecin.
Elle voyage ... le directeur.
Je mets les pieds ... le banc.
Il n'a pas de travail : il est ... argent.
Mettez votre passeport ... votre poche.
Est-ce que vous savez aller ... bicyclette ?
Ecris ton nom ... la feuille de papier.
Il n'y a pas d'horloge ... le concierge.
Il ne peut pas fumer ... sa pipe.
Il y a beaucoup de bruit ... un avion.
Je dessine ... mon crayon.
Je mets une feuille de papier ... ma main.
Vous ne pouvez pas dormir ... votre auto.

11. Mettez : *je,* puis *vous.*

Elle apprend le métier de dactylo.
Il sait son métier de menuisier.

Il lit dans son livre.
Il a un bon lit.
Elle peut voyager. Elle a de l'argent et une auto.
Elle veut dormir.
Il dort mal.
Elle fait du bruit.
Il excuse son employé.
Elle ne fume pas la pipe.
Elle compte de 1 à 20.
Il ne peut pas dessiner sans crayon.
Elle met son auto au garage.
Elle ne voyage pas en avion.
Il va à son bureau à pied ou à bicyclette.
Il permet aux employés de fumer.

12. Mettez : *il (elle).*

Vous mettez le feu à votre barbe.
Vous prenez un chapeau.
Vous allez en avion. Vous n'allez pas en auto.
Vous pouvez sortir.
Voulez-vous dormir ?
J'ôte 2 de 4 : il reste 2.
J'ajoute 4 à 2 : cela fait 6.
Je prends la craie.
J'ai un mauvais outil.

13. Mettez : *il (elle),* puis *vous.*

Je dois écouter mon directeur.
Je veux prendre le train.
Je fais bien mon devoir.
Je ne vais pas à mon bureau à pied, mais en auto.
Je permets aux étudiants de lire.
Je dessine une clé avec un crayon.
J'écris une lettre avec mon stylo.
Je compte les chaises de la classe.
Je ne suis pas malade, mais je ne dors pas bien.

14. Mettez : *on* (exercice 13).
Exemple : *on doit écouter son directeur.*

— Monsieur, avez-vous une **montre**?
— Non, je n'ai pas de montre.

— Et vous, monsieur, avez-vous une montre?
— Oui, j'ai une montre.

— **Quelle heure** est-il, s'il vous plaît?
— Il est 10 heures.
— Merci, monsieur.

Il est 8 heures *huit*

il est 7 heures *sept*

il est 11 heures *onze*

Il est 9 h 5
neuf cinq

il est 9 h un **quart**
(ou 9 h 15) *neuf*

il est 9 h et **demie**
(ou 9 h 30) *neuf*

Il est 9 h **moins** le quart
(ou 8 h 45) *neuf*

Il est 9 h moins 10
(ou 8 h 50) *neuf dix*

Il est **midi (minuit)**

60 **minutes**
(*la* minute).

4 **quarts d'heure**
(*le* quart d'heure).

2 **demi-heures**
(*la* demi-heure).

Je suis en **retard** ! ma montre **retarde**.
(Vous êtes en retard ! votre montre retarde.)

Je suis en **avance** ! ma montre **avance**.
(Vous êtes en **avance !** votre montre **avance**.)

 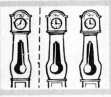  

Une petite montre -
Deux petites montres.

Une grande horloge-
Deux grandes hor-
loges.

J'ai un bon stylo -
J'ai deux bons
stylos.

J'ai une bonne montre -
J'ai deux bonnes
montres.

20	21	22	23	24	25

Je compte de 20 à 60 : *vingt, vingt et un, vingt-deux, vingt-trois, vingt-quatre, vingt-cinq,*

26	27	28	29	30	31	32	33

vingt-six, vingt-sept, vingt-huit, vingt-neuf, trente, trente et un, trente-deux, trente-trois...

40	41	42	50	51	52	60

quarante   quarante et un   quarante-deux   cinquante   cinquante et un   cinquante-deux   soixante

---

un grand ...   une grande ...   un bon ...   une bonne ...

deux grands ...   deux grandes ...   deux bons ...   deux bonnes...

un petit ...   une petite ...   un mauvais ...   une mauvaise ...

deux petits ...   deux petites ...   deux mauvais ...   deux mauvaises ...

Prononciation

[ai] = [è] j'**ai**, mauv**ai**(s), mauv**ai**s(e), il s**ai**(t).
[au] = [ó] la f**au**t(e), **au** tabl**eau**.
[eú]   le livr(e), je v**eu**(x), je p**eu**(x).
[ch]   ma po**ch**(e), l'é**ch**ell(e), la **ch**ais(e), il fait **ch**au(d).
[j]   je voyag(e), j'ai d(e) l'argen(t), l'imag(e), l'ingénieur.

[è]   Il fai(t) mauv**ai**(s). — Je s**ai**(s) f**ai**r(e) une **ch**ais(e), m**ai**(s) je n(e) s**ai**(s) pa(s) f**ai**r(e) une tabl(e).
[ch, j]   J'ai un **j**ournal dan(s) ma po**ch**(e). — Ne voyag(e)z pa(s) : il fai(t) **ch**au(d)! — L'ingénieur
a d(e) l'argen(t).

 ## La phrase française

Regarde(z) l(e) professeur. — J(e) le r(e)gard(e)
Regarde(z) les étudian(ts). — J(e) les r(e)gard(e).
Écoute(z) l(e) professeur. — J(e) l'écout(e).
Écoute(z) la l(e)çon. — J(e) l'écout(e).

— Monsieur, je suis ici depuis trois quarts d'heure. Et vous voilà maintenant seulement ? Vous n'êtes pas à l'heure, monsieur.

— Excusez-moi, ma montre retarde de dix minutes.

— Ma montre, à moi aussi, retarde. Mais je suis toujours à l'heure.

— Pourquoi ?

— Parce que j'avance ma montre de dix minutes chaque matin. Faites comme moi, monsieur.

— Marie, vite mon **petit déjeuner!** C'est l'heure du travail. Je suis déjà en retard !

— Voilà ! voilà !

— Avez-vous le journal ?

— Il est sur la table.

— Où donc ?

— Là, sous votre **pain.**

— Ah ! oui, merci. (Il lit)

— Tiens ! Dupont a encore un **accident** d'auto !... Et il y a encore deux **bébés** chez les Durand !... Mais c'est le journal du 6 ! Marie, donnez-moi le journal du 8 !

Une journée (I)

tu, ton - mes, tes (vos), ses
Je me lave

sept

A 7 heures, je **me réveille**

tu *te réveilles*, Henri.   *Elle*
[Vous *vous réveillez*, monsieur] - Il *se réveille*.

A 7 h 5, je fais ma **toilette** :

je **me lave**, avec de l'**eau** (f.)
(tu *te laves* [vous *vous lavez*], il *se lave*),
je prends un bain (ou : une **douche**),

je **me rase**, avec un **rasoir électrique**
(tu *te rases* [vous *vous rasez*], il *se rase*).

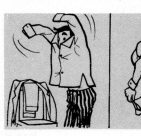

A 7 heures et demie, je **m'habille**

tu *t'habilles* [vous *vous habillez*], il *s'habille*,
ou : je mets mes **vêtements** (m.),

je me chausse, tu *te chausses*
[vous *vous chaussez*], il *se chausse*,
ou : je mets mes **chaussures** (f.).

heures moins le quart, je **déjeune**

tu déjeunes [vous déjeunez], il déjeune,
ou : je prends mon petit déjeuner
et je lis le journal.

A 8 heures un quart, je vais à l'usine.

Verbe en **e** :	Je fais, tu fais.
Je déjeun**e**	Je prends, tu prends.
tu déjeun**e**[s] (vous déjeunez)	Je mets, tu mets.
(**tu** ... toujours avec [s])	Je lis, tu lis.
il déjeun**e**	Je vais, tu vas.

Je mets *mon* vêtement.	Je mets *mes* vêtements.
Tu mets *ton* vêtement.	Tu mets *tes* vêtements.
Vous mettez *votre* vêtement.	Vous mettez *vos* vêtements.
Il met *son* vêtement.	Il met *ses* vêtements.

Je *me* rase, tu *te* rases, vous *vous* rasez, il *se* rase
Rase-*toi*, Henri — Rasez-*vous*, monsieur.

Prononciation

[ui] h**ui**t, et p**ui**(s), le men**ui**sie(r) — [oi] ras**oi**r, t**oi**lett(e), tr**oi**(s).
[è + y] je m(e) réveill(e), un cray**on** — [a + y] j(e) trav**aill**(e).
[z] deux**i**èm(e) — [s] si**x**, di**x**, soi**x**ant(e).

———————

[ui] Le men**ui**sie(r) fait h**ui**(t) chaise(s) ; p**ui**s il va au li(t).
[oi + y, è + y, i + y, a + y] L'employé (se) réveill(e), s'habill(e), et travaill(ε)

Deu(x) → deuxièm(e) (= z).	Six (= s) → sixièm(e) (= z).
Troi(s) → troisièm(e) (= z).	Dix (= s) → dixièm(e) (= z).

Attention! Il est deux heur(es) (= z), trois heur(es) (= z), six heur(es) (= z), dix heur(es) (z)
Mais : Il y a deu(x) livr(es), troi(s) livr(es), si(x) livr(es), di(x) livr(es).
((x) et (s) devant *b, c, d*, etc.)

(10 h). — Pierrot, mon petit, où est ta **mère ?**

— Elle fait sa toilette, papa.

— Mais il est déjà 10 heures et j'ai **rendez-vous** avec elle à 10 heures et demie chez les Dupont !

(10 h 10). Qu'est-ce qu'elle fait ? Mais qu'est-ce qu'elle fait ? Elle se regarde dans la **glace ?**

— Louise, **dépêche-toi !**

— Voilà, voilà ! Je m'habille !

. . . .

— Louise, il est **déjà** 10 heures 25 !

— Je me chausse !

— Il est 10 heures et demie !

— Je mets mon chapeau !

. . . .

— Enfin, te voilà ! Toujours en retard ! Ah ! les femmes !

En retard pour le travail.

— Pierrot, tu n'as plus de leçons à apprendre?

— Si, maman : ma leçon de français. Mais j'ai le temps. Après dîner, ce n'est pas trop tard.

— Non, Pierrot : apprends ta leçon tout de suite. Le **dîner** peut attendre*.

— Le dîner, oui. Mais le gâteau? il est à cuire depuis 1 heure 1/2. Il **sent*** déjà si bon !

— Ah! c'est bien toi ! En retard au travail, mais en avance à table !

a day

Le matin

A 8 heures, je vais à mon travail
       à l'usine
       à l'atelier
       au bureau
       à l'école.

A 8 heures et demie, j'entre à l'usine.
De 8 heures et demie à midi, je travaille.
A midi, je vais au **restaurant** - je déjeune.
De midi et demi à 13 heures (ou 1 heure),
je **me repose**   trez
je fume ma pipe
je fume une cigarette.

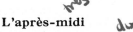

tres

L'après-midi   duhuit

De 13 heures à 18 heures (6 heures),
je travaille encore.
A 18 heures, je sors de l'usine.
A 19 heures, je dîne.
A 20 heures, j'écoute la **radio** ou je
regarde la **télévision**.

Le soir

A 22 heures, je **me déshabille** et
je **me couche** (ou, je me mets au
lit), **bonsoir !**

La nuit

De 22 heures à 7 heures, je dors.

39

■ Je compte de 60 à 100 :

60	70	71	72
soixante,	*soixante-dix,*	*soixante et onze,*	*soixante-douze,* etc.,

80	81	82
quatre-vingts,	*quatre-vingt-un,*	*quatre-vingt-deux,* etc.,

90	91	92	100
quatre-vingt-dix,	*quatre-vingt-onze,*	*quatre-vingt-douze,* etc.,	*cent.*

J'entre	tu entres (vous entrez)	il entre.
Je sors	tu sors (vous sortez)	il sort.
Je dors	tu dors (vous dormez)	il dort.

Prononciation :

[é] j'**ai**, **e**(t), cahie(**r**), étudi**ant**
[è] tu f**ai**(s), il **e**(**st**), il s**ai**(t), je v**ai**(s), m**ai**(s).
[o] ho**mm**(e), cor**d**(e), écol(e).
[ó] rad**io**, bur**eau**, mant**eau**.

[é] L**e**(s) étudi**an**(ts) **e**(t) l**e**(s) étudi**ant**(es) ont d**e**(s) cahie(rs).
[è] Qu'**e**(**st**)-c(e) qu'il f**ai**(t)? — Il **e**(**st**) au magasin, m**ai**(s) il ne f**ai**(t) rien.
[ó] Je m(e) repos(e) et j'écout(e) la rad**io**.
[ou] [ó] [ó] V**ou**(s) p**ou**ve(z) dormir sur v**o**(s) deux oreill(es) (= Tout va bien).

La phrase française :

Écoute(z) la radio. — J(e) l'écout(e).	Réponde(z)-lui, à ell(e). — J(e) lui répon(ds).
Écoute(z) les étudian(ts). — J(e) les écout(e).	Réponde(z)-leur, à eux. — J(e) leur répon(ds).
Réponde(z)-lui, à lui. — J(e) lui répon(ds).	Réponde(z)-leur, à ell(es). — J(e) leur répon(ds).

Pourquoi vous levez-vous si tôt ?

— A quelle heure vous levez-vous, chaque matin ?

— A 6 heures.

— A 6 heures ! Vous restez peut-être beaucoup de temps dans votre bain ?

— Moi ? Je fais vite ma toilette : un peu d'eau sur le **visage** et sur les mains, et ça y est !

— Vous vous rasez, pourtant ?

— Je me rase le soir. Ainsi, je ne **perds*** pas de temps le matin.

— Alors, vous mettez beaucoup de temps à vous habiller ?

— Je m'habille et je me chausse en 10 minutes.

— Je comprends : vous prenez un bon petit déjeuner, et vous restez longtemps à table ?

— Non. Je déjeune en 10 minutes aussi.

— Enfin, vous entrez à l'usine à 9 heures. Votre **maison** est à un quart d'heure de l'usine. Vous mettez une demi-heure à vous laver, vous habiller, prendre votre petit déjeuner. Que faites-vous le reste du temps ?

— Deux heures de **course** à pied !

— Vous n'êtes pas **fatigué** après cela ?

— J'ai toute ma journée de travail à l'usine pour me reposer.

Il est l'heure de **partir**.

Je l'attends **depuis** deux heures !

Il travaille 8 heures **par** jour.

Il passe un mauvais quart d'heure !

Sa **dernière** heure est arrivée...

[Le premier, le deuxième, le troisième, etc... le **dernier**.]

41

Nous sommes, vous êtes, ils sont
Nous avons, vous avez, ils ont

Je suis agent de police.

Pierre, vous êtes agent de police.
Monsieur, vous êtes agent de police.

M. David est agent de police.

Nous sommes agents de police.
(Nous = moi + toi,
   ou : moi + lui...)

Vous êtes agents de police.
(Vous = toi + toi
   ou :   toi + lui...
   ou :   vous + lui...)

M. David et M. Martin sont agents de police.
Ils sont agents de police.

← J'ai un stylo.

Tu as (vous avez) un stylo. →

← Il a (elle a) un stylo.

Nous avons des stylos. →

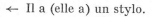

← Vous avez des stylos.

Ils ont (elles ont) des stylos. →

J'ai un bon stylo.   J'ai *de bons* stylos.   J'ai une bonne pipe.   J'ai *de bonnes* pipes.

— Je suis ; tu es (vous êtes) ; il est ; nous sommes ; vous êtes ; ils sont.
— J'ai ; tu as (vous avez) ; il a ; nous avons ; vous avez ; ils ont.
— Un stylo ; des stylos ; *de* bons stylos.

Prononciation :

Il e(s)t étudiant ; ils sont étudiants ; vous êtes ; vous avez.
Les étudian(ts) sont ici. — Nous avon(s) de(s) stylo(s). — Vous êt(es) des étudian(ts).
Tu m(e) regard(es), moi. — J(e) te r(e)gard(e), toi.

La phrase française :

Tu m(e) regard(es), moi. — J(e) te r(e)gard(e), toi.
Tu nou(s) r(e)gard(es), nou(s). — J(e) vou(s) r(e)gard(e), vou(s).
Tu m(e) répon(ds), à moi. — J(e) te répon(ds), à toi.
Tu nou(s) répon(ds), à nou(s). — J(e) vou(s) répon(ds), à vou(s).
Tu l(e) regarde(s), lui. — J(e) le r(e)garde (ou : je l(e) regard(e).
Tu la r(e)garde(s), ell(e). — J(e) la r(e)gard(e).
Tu lui répon(ds), à lui. — J(e) lui répon(ds).
Tu lui répon(ds), à ell(e). — J(e) lui répon(ds).

43

Il pleut...

PIERROT. — Oh ! Il pleut encore ! Nous ne pouvons pas *jouer* dans le **jardin**... Qu'est-ce que tu fais, Josette ?

JOSETTE. — Je regarde dans l'**armoire**... Tiens ! un livre avec des **photos !**

PIERROT. — Donne !... Oh ! ce petit garçon avec des **culottes** trop longues, c'est moi ?

JOSETTE. — Non. C'est papa, à 9 ans.

PIERROT. — As-tu un crayon ?

JOSETTE. — Oui. Pour quoi faire ?

PIERROT. — ... Regarde : je **dessine** une barbe à papa, et des **lunettes** (f) sur son nez.

JOSETTE. — Attention ! Voilà maman !

MAMAN. — Eh bien, qu'est-ce que vous faites ?... Oh !... Je ne ris pas, moi !

PIERROT. — Mais maman, c'est Josette !

MAMAN. — Tu **mens**... Et puis, regarde ta veste : elle est déchirée; il **manque** un **bouton**. Tes chaussures sont **sales**. Ah ! tu n'es pas un garçon **propre**, non !... Tiens, voilà justement ton père; dis-lui tout ça.

Le riche et le pauvre

LE RICHE. — Comme elles sont longues les journées !

LE PAUVRE. — Comme elles sont **courtes**, au contraire.

— De 10 h du matin à 10 h du soir, cela fait 12 grandes heures ! C'est long !...

— Moi, je me lève à 6 h, le matin, et souvent je me couche à minuit. Eh bien, en 18 heures, je n'ai pas le temps de tout faire.

— Quoi ? Pour faire votre toilette, prendre vos repas, jouer au **tennis, entendre** la radio et regarder la télévision, vous n'avez pas assez de 18 heures ?

— Non, et pourtant je ne vais pas au tennis et je n'ai pas la télévision.

— Mais alors, qu'est-ce que vous faites ?

— Je travaille, cher Monsieur.

— Le travail, c'est **fatigant**. Moi, je suis vite **fatigué**.

— Ah ! le travail vous fatigue ! Mais : pas de **fatigue** (f), pas d'argent !

— Oh ! l'argent ne fait pas le **bonheur**.

— Vous dites ça... vous êtes riche, vous : mais le bonheur sans argent...

— Ainsi, les riches ont trop de temps. Et les pauvres n'ont pas assez d'argent... Est-ce donc si **rare** un homme **heureux** ?

— Peut-être !

Ma classe
a un tableau.

Ta classe
a deux tableau x.

J'ai un manteau.

Vous avez
des manteau x.

Elle a un chapeau.

Elles ont
des chapeau x.

un **oiseau**

des oiseau x

un bureau

des bureaux

Les oiseaux ont un **bec**, deux **ailes** (f.), des **plumes** (f.)

le journal

les journ aux

le cheval

les chev aux

45

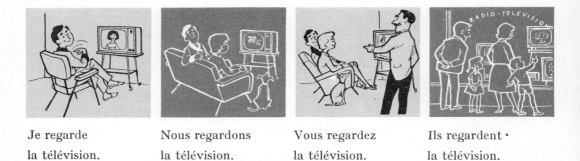

Je regarde
la télévision.

Nous regardons
la télévision.

Vous regardez
la télévision.

Ils regardent ·
la télévision.

Je compte de 100 à 200.

100	101		110	111		120	130		200
cent,	*cent un,*	etc.,	*cent dix,*	*cent onze,*	etc.,	*cent vingt,*	*cent trente,*	et	*deux cents.*

Un tabl*eau* - des tabl*eaux*. Un chev*al* - des chev*aux*. Un trav*ail* - des trav*aux*.

Verbes en *e* :
Je regard*e*, tu regard*es* (vous regard*ez*), il regard*e*.
Nous regard*ons*, vous regard*ez*, ils regard*ent*.

aller :	nous allons, ils vont		*écrire :*	nous écrivons, ils écrivent
apprendre :	nous apprenons, ils apprennent		*faire :*	nous faisons, ils font.
			lire :	nous lisons, ils lisent
comprendre :	nous comprenons, ils comprennent		*mettre :*	nous mettons, ils mettent
			pouvoir :	nous pouvons, ils peuvent
dire :	nous disons, ils disent		*prendre :*	nous prenons, ils prennent
dormir :	nous dormons, ils dorment		*sortir :*	nous sortons, ils sortent
			vouloir :	nous voulons, ils veulent.

Prononciation :

[ch] un **ch**eval, une **ch**aise, un **ch**apeau.
[j] **j**e veu(x), un **j**ournal, un **j**ardin, **j**e dé**j**eun(e), je voya**g**(e), l'in**g**énieur.
[g] la **g**lac(e), la **g**rammair(e), la fati**gu**(e), fati**g**an(t).

[ch] **Ch**arle(s) e(s)t à **ch**(e)val sur la **ch**ais(e).
[j] **j**e voya**g**(e) tou**j**our(s) en auto.
[g] la **g**rammair(e) fati**gu**(e) **G**ustave.

La phrase française :

Prene(z) l(e) livr(e) ; prene(z)-le.
Lise(z) la l(e)çon ; lise(z)-la.

Prene(z) le(s) livr(es) ; prene(z)-le(s).
Lise(z) le(s) l(e)çon(s) ; lise(z)-le(s).

46

Pas d'**ascenseur** *dans la maison !*

— C'est vous, le concierge du 117 ?
— Oui, Monsieur.
— M. et Mme Dupont habitent bien ici ?
— Oui, Monsieur.
— A quel étage, s'il vous plaît ?
— Vous montez 6 étages, et vous frappez à la porte de gauche. Attention ! Ne frappez pas à la porte de droite : là, il y a des bureaux.
— Où est l'ascenseur ?
— Il n'y a pas d'ascenseur dans la maison. Allez dans la cour, et prenez *l'*escalier.
— 6 étages à monter à pied !
— Vous avez peur de ça ? Moi, je monte chez M. Dupont quatre fois par jour et je descends 4 fois. Et je ne suis pas encore **mort !**

— Toto, je te donne deux **balles**. Maman t'en donne trois. Combien as-tu de balles ?
— Six.
— Comment six ? Fais attention ! Deux et trois...
— Ça fait cinq.
— Alors, pourquoi dis-tu : **six balles ?**
— Parce que j'en ai déjà une dans ma poche.

Un nom bien français !

— Il est **gros**, ton livre !
— C'est l'**annuaire** (m.) du **téléphone**. Pour **téléphoner**, on cherche les **numéros** (m.) dans ce livre.
— Et on y trouve tous les numéros ?
— Bien sûr.
— Donne. Je veux chercher le numéro de mon professeur de français. **J'ouvre*** l'annuaire à la lettre M. *(une minute après.)*
— Pourquoi le **fermes**-tu ? As-tu le numéro de ton professeur ?
— Non. **Impossible.**
— Pourquoi ?
— Il s'appelle Martin. Et il y a **au moins** mille Martin !

47

EXERCICES
(Leçons 10 à 14)

1. Lisez et écrivez :

En retard au bureau.

Je me réveille. Je regarde ma montre : huit heures et demie! Je suis en retard.

Je fais ma toilette, je m'habille, je mets mes chaussures et je prends mon petit déjeuner en un quart d'heure. Vingt minutes après, j'entre dans mon bureau. Il est déjà neuf heures cinq. J'ai cinq bonnes minutes de retard.

Mais le directeur n'est pas encore là ... heureusement!

2. Mettez : *vous,* puis *ils* (jusqu'à : *mais le directeur*).

3. Quelle heure est-il ?

4. Combien y a-t-il :

de demi-heures dans une journée ? De quarts d'heure dans deux heures et demie ? De minutes dans trois quarts d'heure ?

5. A quelle heure :

vous levez-vous ?
allez-vous au travail ?
sortez-vous de votre bureau ?
prenez-vous votre petit déjeuner ?
déjeunez-vous ?
dînez-vous
vous couchez-vous ?

6. Mettez : *ils.*

7. Ajoutez les verbes :

Tu te r ... à 7 heures. Tu te l ..., tu f ... ta toilette. Tu m ... tes vêtements et tu te ch... Tu p ... ton petit déjeuner et tu l ... le journal. Tu v ... au bureau. Tu tr ... de 9 h à midi. Tu d ... au restaurant. Tu f ... une cigarette et tu é... la radio. Tu tr ... encore de 14 à 18 h. Tu s ... du bureau. A 21 h, tu dî ... De 21 h à 22 h, tu r ... la télévision. A 22 h, tu te c ...

8. Mettez : *il, nous, ils.*

9. Mettez : *je, tu, nous, vous, ils :*

Il *se lave* avec de l'eau et du savon.
Il *se rase* avec son rasoir électrique.
Il *se dépêche,* il *se déshabille* en un quart d'heure.
Il *déjeune* à midi.
Il *se couche* à minuit.

10. Mettez :

a) un, une, des :

... montre; ... minute; ... restaurant; ... cigarettes; ... pipe; ... chaussures; ... bain; ... accident; ... douche; ... vêtement; ... glace; ... bec; ... plumes; ... bouton; ... jardin; ... lunettes; ... photo.

b) le, la, l', les :

... manteau; ... heure; ... toilette; ... journal; ... étudiant; ... métiers; ... usine; ... horloge; ... oiseau; ... chevaux; ... travaux; ... fatigue; ... armoire.

c) du, de la, de l'.

... eau; ... argent; ... pain; ... vent; ... craie; ... bruit; ... tabac; ... fer.

. Comptez : de *150 à 200.*

Ecrivez : 4 + 3 = sept;

10 + 12 =
14 + 36 =
22 + 43 + 60 =
49 — 27 =
181 — 78 =
53 — 14 + 27 =

12. Mettez : *mon, ton, etc.* :

L'ingénieur regarde ... montre.
L'élève écoute ... professeurs.
Vous faites ... toilette.
Tu fumes ... pipe.
Je mets ... chaussures.
Est-ce que tu prends ... bain ?
Nous lisons ... livre.
L'employé va à ... bureau.
Nous mettons ... chapeau.
Il se repose dans ... lit.

13. Mettez :

Toi et moi *(je suis)* des ouvriers.
Elle et lui *(je suis)* des employés.
Vous et lui *(j'ai)* une montre.
Elle et toi *(je lis)* le journal.
Vous et moi *(je vais)* au travail.
Lui et moi *(je prends)* un bain.
Lui et toi *(je sors)* en auto.

14. Mettez : *des, les* :

Un chapeau ; une bonne montre ; le grand bureau ;
le petit oiseau ; le mauvais cheval ; un tableau ;
le journal ; le nez ; une culotte courte ; une longue
barbe ; une chaussure sale ; la grosse balle ; l'homme
fatigué ; un chiffon propre ; une grande rue.

15. Mettez : *tu* :

Je ne suis pas en retard à mon rendez-vous : je
suis à l'heure.
J'avance ma montre de cinq minutes.
Je lis mon journal.
Il n'a pas d'accident d'auto.
Elle est en retard.
Il ne fait pas de fautes.
Je me rase avec mon rasoir électrique.
Nous ouvrons notre porte.
Vous fermez votre maison.
Elles vont au bureau.

16. Mettez : *nous* :

J'apprends le français.
Tu comprends le français.
Elle peut écrire.
Je sors de l'école.
Il veut entendre la leçon.
J'écris au professeur.
Il passe un mauvais quart d'heure.
Je joue au tennis de 8 h à midi.
Je prends l'annuaire du téléphone.
Je lis le nom du professeur dans l'annuaire.
Je fais de la course à pied.
Je ne suis pas fatigué.
Je me repose une demi-heure.

17. Mettez : *les* :

Le gâteau est à cuire depuis une heure.
La leçon peut attendre.
La chaussure me fait mal.
L'auto va vite.
L'étage n'est pas fatigant à monter.
L'ouvrier entre à l'usine à 9 heures et sort à midi.

18. Répondez :

Prenez ma montre. — Je ...
Montrez le stylo. — Je ...
Mettez votre veste. — ...
Mettez votre chapeau. — ...
Écoutez les professeurs. — ...

19. Répondez :

Écrivez votre nom. — ...
Écrivez votre nom et votre prénom. — ...
Apprenez le français. — ...
Lisez la leçon. — ...
Fumez votre pipe. — ...

Je travaille avec *mon* camarade Jean.
Tu travailles avec *ton* camarade Paul.

Il (elle) travaille avec *son* camarade Henri.

Je travaille avec *mes* camarades Jean et Paul.
Tu travailles avec *tes* camarades Paul et Henri.

Il (elle) travaille avec *ses* camarades Jean et Henri.

Nous travaillons avec *notre* camarade Jean.

Vous travaillez avec *votre* camarade Paul.

Ils (elles) travaillent avec *leur* camarade Henri.

Nous travaillons avec *nos* camarades Jean et Paul.
Vous travaillez avec *vos* camarades Paul et Henri.
Ils (elles) travaillent avec *leurs* camarades Jean et Henri.

Ce monsieur écoute la radio.
(*Cet* étudiant écoute la radio.)

Cette dame écoute la radio.

Ces messieurs écoutent la radio.

Ces dames écoutent la radio.

Voilà un pain.

Je prends *le* pain.

Je prends *du* pain.

50

Voilà une pomme.

Je prends *la* pomme.

Je prends
de la pomme.

Je compte de 200 à 1 000.

200	201	300	400	500	600	700
deux cents,	*deux cent un,* etc.,	*trois cents,*	*quatre cents,*	*cinq cents,*	*six cents,*	*sept cents,*

	800	900	1 000
	huit cents,	*neuf cents,*	*mille.*

---

mon, ma — *notre* (m. et f.)   mes, *nos* (m. et f.)
ton, ta — *votre* (m. et f.)   tes, *vos* (m. et f.)
son, sa — *leur* (m. et f.)   ses, *leurs* (m. et f.)

ce (cet) cette
ces

je prends *du* pain

Prononciation :

[é] étudian(t), écoute(r), **e(t)**.
[è] il **me(t)**, **mai(s)**, je **sai(s)**, il **es(t)**.
[ó] numéro, **auto**, mo(t), mant**eau**, bur**eau**, **au** tableau.
[ò] **homm**(e), **cord**(e), **alor**(s),
[an] j'**enten**(ds) les étudian(ts) ; il(s) lis(ent) **en** françai(s).
[on] Le(s) l(e)çon(s) d(e) **mon** livr(e) **on(t)** des imag(es).
[in] Mme **Din**ga donn(e) du **pain** à M. Martin : il a **faim**.
[un] M. Lebr**un** a **un** livre de M. D**un**.

La phrase française :

Ce livr(e) est à moi ; c'e(st) mon livr(e).
Cet annuair(e) e(s)t à vou(s) ; c'e(st) votr(e) annuair(e).
Il e(s)t à Pari(s), ils sont au bureau, tu es au bureau.
Cett(e) clé e(s)t à lui ; c'e(st) sa clé.
Cett(e) clé e(s)t à ell(e) ; c'e(st) sa clé.
Ce(s) clé(s) sont à nou(s) ; ce son(t) no(s) clé(s).

— Alors, vous avez un métier, maintenant ?
— Oui et je gagne bien ma vie : j'écris...
— Vous écrivez des livres ?
— Non.
— Vous écrivez dans les journaux ?
— Non. Tous les quinze jours j'écris à mon père.

(D'après Léon TREICH, *Histoires anglaises*, Gallimard.)

— Vous êtes en retard ! D'où venez-vous ?
— De chez le coiffeur.
— Pendant les heures de travail ?
— Dame ! Les cheveux poussent aussi pendant les heures de travail !

(D'après Léon TREICH, *Histoires anglaises*, Gallimard.)

C'est de famille

LE PÈRE. — Alors, Pierrot, beaucoup de travail aujourd'hui ?

PIERROT. — Oui, papa : beaucoup de français et d'anglais.

LA MÈRE. — Combien de fautes dans ton anglais ?

PIERROT. — Deux, maman.

LA MÈRE. — Deux seulement ? Ce n'est pas mal. Qu'est-ce que tu apprends en ce moment ?

PIERROT. — Les **montagnes** (f.) et les **rivières** (f.) de France.

LE PÈRE. — Et pour compter, est-ce que ça va ?

PIERROT. — Ah non ! Ça ne va pas.

LE PÈRE. — Pourtant, tu prends des leçons avec ton professeur après la classe.

LA MÈRE. — Et tes camarades font des **progrès**. Même Paul et Édouard, maintenant, savent compter sans faute.

PIERROT. — Paul et Édouard, oui, bien sûr. Mais moi, ce n'est pas **pareil** : c'est de famille.

LE PÈRE. — De famille ? Qu'est-ce que tu veux dire ?

PIERROT. — Maman et toi, vous dites toujours : « Dans notre famille nous **dépensons** beaucoup d'argent. Nous ne savons pas compter. C'est de famille. » Alors moi, je suis comme vous : je ne sais pas compter. C'est de famille.

— Quel jour est-ce **aujourd'hui**? (ou :
quel jour sommes-nous?)
— Aujourd'hui, c'est **lundi** 3 **novembre**.
Nous sommes le 3 novembre.

— Et **demain**?
— Demain, *ce sera* **mardi** 4 novembre.
Nous *serons* le 4 novembre.

— Et **après-demain**?
— Après-demain, *ce sera* **mercredi** 5 novembre.

— Et ensuite, ce sera **jeudi** 6, **vendredi** 7,
samedi 8, **dimanche** 9.

Hier *c'était* dimanche, dimanche
2 novembre.

Avant-hier, *c'était* samedi 1ᵉʳ novembre.

*Lundi, mardi, mercredi, jeudi, vendredi,
samedi, dimanche*, sont les 7 **jours** (m.)
de la **semaine**.
Une semaine a donc 7 jours.

— Quel **mois** sommes-nous?
— Nous sommes *en* novembre;
il fait froid, il pleut.

Il y a 12 mois dans une **année**.

Janvier (m.), *février* (m.), *mars* (m.), *avril* (m.), *mai* (m.), *juin* (m.), *juillet* (m.), *août* (m.),
septembre (m.), *octobre* (m.), *novembre* (m.), *décembre* (m.).

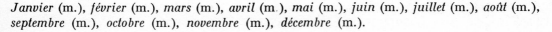

L'année a 4 **saisons** (f.)

le **printemps**,   l'**été** (m.),   l'**automne** (m.),   l'**hiver** (m.).

Aujourd'hui, c'est ... *demain*, ce sera ... *hier*, c'était ...
(le présent)   (le futur)   (le passé)

Quel ? (m.)   Quelle ? (f.)

Prononciation :

[s] sam(e)di, septembr(e), semain(e), ils pouss(ent), décembr(e), ce sera, c'e(st), leçon.
[z] saison, télévision, les étudian(ts), douz(e), treiz(e), quinz(e).
[k] culott(es), crayon, escalie(r), **qu**inz(e), **qu**arant(e).
[g] regard(e), fatigué.
[j] **j**oue(r), **j**uin, **j**uille(t), voya**g**(e).

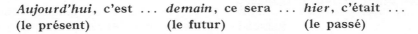

[s] sam(e)di, six décembr(e), ce monsieu(r) sera en Franc(e). Le dix-se(p)t décembr(e) il sera aux Açor(es).
[z] A quinz(e) heur(es), les étudian(ts) regarderon(t) la télévision.
[k] La **c**ulott(e) de **C**laud(e) es(t) court(e).
  Qu'es(t)-c(e) **que** c'es(t) ? — Le **c**oiffeur mont(e) l'escalier **qu**atr(e) à **qu**atr(e).

La phrase française :

Qu'est-c(e) que tu fai(s) ? — J(e) pren(ds) du pain.
Qu'est-c(e) que vous fait(es) ? — J(e) pren(ds) d(e) l'eau.

54

M. Durand. — Pardon, Madame, le train pour Marseille, à quelle heure part-il ?

L'employée. — Le train du matin ?

— Oui.

— A 7 h 11

— Et il **arrive ?**

— A 17 h 33.

— Il **a lieu** tous les jours ?

— Non : du lundi au vendredi seulement.

— Et le train de midi ? ·

— Le train de 11 h 59, vous voulez dire ?

— C'est cela...

— Il n'a lieu que pendant 6 mois, au printemps et en été : du lundi 1er avril au dimanche 30 septembre.

— Et le soir ?

— Vous avez un train à 20 h 12.

— Ça ne va pas. J'ai mon travail jusqu'à 21 heures.

— Mais le samedi vous ne travaillez pas ?

— Non.

— Eh bien ! partez un samedi soir.

— Je ne peux pas : le samedi, c'est le jour de Gustave. Nous sortons ensemble à bicyclette.

— Et le dimanche ?

— Le dimanche après-midi, je fais du sport; après, je suis fatigué.

— Dites donc, vous avez toujours quelque chose : le travail, ou Gustave, ou le sport. **Demandez** donc un train pour vous tout **seul !**

LEÇON 17

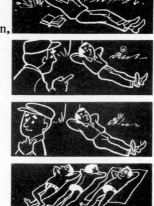

Dimanche prochain,

je ne travaille*rai* pas, je me repose*rai*.

tu ne travaille*ras* pas, tu te repose*ras*.

il ne travaille*ra* pas, il se repose*ra*.

nous ne travaille*rons* pas,
nous nous repose*rons*.

vous ne travaille*rez* pas,
vous vous repose*rez*.

ils ne travaille*ront* pas, ils se repose*ront*.

Je me réveille*rai* à 8 heures.

Je me lève*rai* à 9 heures et demie.

Ensuite je déjeune*rai* et j'écoute*rai* la radio.

Je **passerai** l'après-midi au cinéma.

Toi, tu **aimes** le sport. Tu *joueras* au tennis,
ou au ballon.

Moi, lundi, à 8 heures, je *serai* à l'usine.
Ah ! j'*aurai* du travail !

— Paul n'est pas ici?
— Non, mais il **vient*** : le voilà.

Février *vient* après janvier.
Mars *vient* avant avril.

Je compte de 1 000 à 1 500 :

1 000	1 001		1 100	1 200	1 300	1 400	1 500
mille,	*mille un,* etc.,		*onze cents,*	*douze cents,*	*treize cents,*	*quatorze cents,*	*quinze cents.*

---

le futur

demain, je déjeun(e)*rai*   nous déjeun(e)*rons*
        tu déjeun(e)*ras*   vous déjeun(e)*rez*
        il déjeun(e)*ra*   ils déjeun(e)*ront*

— Je s(e)rai ; tu s(e)ras ; il s(e)ra ; nous s(e)rons ; vous s(e)rez ; ils s(e)ront.
— J'aurai ; tu auras ; il aura ; nous aurons ; vous aurez ; ils auront.

— Je viens ; tu viens ; il vient ; nous venons ; vous venez ; ils viennent.
Je viendrai.

Prononciation :

[an] **dan**(s), dem**an**de(r), **enten**dre.
[on] pard**on**, c**om**(p)te(r).
[in] prin**tem**(ps), **train**, dem**ain**, **un** b**ain**.
[f] **f**aire, la **ph**oto, **ph**otographie(r).
[v] **v**oilà, je **v**eu(x), le **ven**(t).

---

[f] Je **f**erm(e) la **f**(e)nêtr(e) et j(e) télé**ph**on(e). — Je **f**ais un(e) **ph**oto du professeur.
[v] **V**oilà la **v**este de **V**ictor. — **V**iens **v**it(e) : voilà l'avion!

La phrase française :

Ce pain e(st) bon. Donne(z)-moi du pain. Donne(z)-m'*en*. — J(e) vous en donn(e).
Cett(e) eau e(st) bonn(e). Donne(z)-moi d(e) l'eau. Donne(z)-m'*en*. — J(e) vous en donn(e).
Ce(s) frui(ts) son(t) bon(s). Donne(z)-moi de(s) frui(ts). Donne(z)-m'*en*. — J(e) vous en donn(e).
Ce(s) pomme(s) son(t) bonn(es). Donne(z)-moi de(s) pomme(s). Donne(z)-m'*en*. — J(e) vous en donn(e).

57

Un dimanche **sportif**

MADAME. — Où veux-tu aller dimanche **prochain** ?

MONSIEUR. — Eh bien, nous passerons la journée à la **campagne.**

— Toute la journée ?

— Oui. Après une longue semaine de travail, j'aurai besoin d'**air** (m.) et de **silence** (m.) Nous **marcherons** deux ou trois heures en **forêt** (f.).

— Nous déjeunerons au restaurant ?

— Non, dans la forêt, sous les **arbres** (m.). On dépense trop au restaurant. Nous **emporterons** le déjeuner.

— Dans quoi ?

— Dans le **sac à dos**: du pain, trois ou quatre **fruits** (m.), un peu de **bière** (f.). Ce ne sera pas lourd.

— Ce sera même bien **léger** !... mais alors nous **rentre-rons** de bonne heure et nous passerons la soirée au cinéma ? au « Sélect » ou au « Royal », tu **choisiras**.

— Oh ! je serai fatigué après la **marche** au grand air, et, au bout d'un quart d'heure, j'aurai **envie** de dormir !

— Eh bien, tu rentreras te coucher et je te **raconterai** le film après !

« Marie, j'ai un rendez-vous demain matin. Vous me réveillerez à 7 heures. Mais, si à 8 heures je ne me suis pas levé, vous ne me réveillerez pas avant midi. »

(Tristan BERNARD.)

58

I. Après le bureau, lisez et écrivez :

Midi. Je mets vite mon chapeau et mon manteau.
Je sors du bureau et je cherche un restaurant.
J'en ai vu un, hier : où ça ? Ah ! oui : au
24 de la rue Bonaparte. Pour 6 F, j'aurai
un bon déjeuner. Après, je lirai le journal ou
j'écouterai la radio. A 2 h moins le 1/4, je télé-
phonerai à Juliette. Demain soir, elle vient avec
moi au cinéma. A 6 h 1/2, je passerai la prendre
à son bureau.

2. Mettez : *tu,* puis *il.*

3. Répondez :

Combien y a-t-il de *mois* dans l'année ?
Combien de *semaines* ? Combien de *jours* ?
Combien y a-t-il de *jours* dans un mois ? Dans
une semaine ?
Combien y a-t-il d'*heures* dans un jour ? De
minutes dans une heure ? Dans 2 heures ? Dans
5 heures ? Combien y a-t-il de *jours* en janvier ?
en février ? en avril ? en juillet ? en novembre ?
Combien y a-t-il de *saisons* dans une année ? Quel
est leur *nom* ?

4.

Nous sommes aujourd'hui *lundi 6 janvier.*
Quel jour de la semaine sera le 9 janvier ? le 12,
le 18, le 31 ?
Quel jour sera le 1er février, le 1er mars, le
1er avril ?
Nous sommes aujourd'hui *mercredi 30 juin.*
Quel jour serons-nous *demain* ? *après-demain* ?
— Quel jour étions-nous *hier* ? *avant-hier* ? —
Quel jour était le 30 mai ?

5. Dites, puis écrivez en lettres :

1 364
35 447
429 283
1 873 699

6. Combien font ?
(*Ecrivez en lettres :* 3 + 4 = 7, *trois et quatre
font sept*).

$7 + 5 = \ldots$
$14 + 31 = \ldots$
$42 + 58 = \ldots$

$126 + 265 = \ldots$
$438 + 549 = \ldots$

(*quatorze moins cinq font...*) :
$14 - 5 = \ldots$
$43 - 17 = \ldots$
$116 - 48 = \ldots$
$237 - 59 = \ldots$

(*cinq multipliés par sept font...*) :
$5 \times 7 = \ldots$
$12 \times 15 = \ldots$
$24 \times 37 = \ldots$

(*quatre divisés par deux font...*) :
$4 : 2 = \ldots$
$16 : 4 = \ldots$
$60 : 10 = \ldots$

7. Ajoutez :

Aujourd'hui, il y a beaucoup d'autos. Mais il n'y
a plus beaucoup de ch ...
Le dimanche, je vais en forêt. J'écoute les oi ...
chanter.
Dans la petite classe, il y a un tableau. Dans la
grande, il y a deux t ...
A 4 heures, le professeur dit aux élèves : mettez
vos cha ... et vos man ...
Qu'est-ce que vous lisez dans les j ... ?
Le samedi et le dimanche, beaucoup de bu ... sont
fermés.

8. Mettez : *du, de la, de l'.*

Mangez-vous ... pain ?
Il boit ... bière.
Tu prends ... repos.
Cette étudiante fait ... anglais.
En hiver, il y a ... vent.
Avez-vous ... feu ?
Je veux gagner ... argent.
A l'école, le professeur veut ... silence.
Donnez-moi ... tabac.
L'été, j'aime faire ... bicyclette et ... tennis.

9. Mettez : *à (au), après, de, en, par, pour, sans,
sous.*

Nous avons mis notre auto ... marche.
Elles ont pris le train ... Marseille.
Elle a fait son devoir ... faute.
... dîner, j'ai envie ... dormir.

Savez-vous jouer ... ballon ?

... printemps et ... été, j'aime me promener ... les arbres.

... Paris tu iras ... cinéma deux fois ... semaine.

L'hiver, je vais ... forêt tous les dimanches et j'emporte mon déjeuner dans mon sac ... dos.

10. Répondez :

A *quelle heure* vous levez-vous le lundi ?

A *quelle heure*, le dimanche ?

En *combien* de temps faites-vous votre toilette ?

Vous rasez-vous avec un rasoir électrique ?

Mangez-vous beaucoup à midi ? et le soir ?

Quels vêtements mettez-vous au mois d'avril ? au mois de juillet ? au mois de décembre ?

Écoutez-vous la radio pendant votre petit déjeuner ? Prenez-vous un bain tous les jours ?

Est-ce que vous arrivez en retard à votre travail ?

11. Mettez : *mon, ou ma, ou ton,* etc.

Tu ouvres .. fenêtre.

Il va à ... travail.

Paul fait ... devoirs.

Vous ne savez pas ... leçons.

Elles mettent ... vêtements du dimanche.

Je prends ... petit déjeuner.

Nous emmenons ... camarades au football.

Tu répares ... auto.

Je mets ... chaussures.

Écrivez ... nom.

Ils se couchent dans ... lit.

Nous lisons ... journal.

Elle passera ... après-midi au cinéma.

12. Mettez : *tu, il, nous,* etc.

Le dimanche, je passe mon après-midi au cinéma.

13. Mettez : *tu, il, nous,* etc.

Demain, je me lèverai à 9 heures ; et, à 11 heures, je jouerai au tennis.

14. Mettez : *tu, il, nous,* etc.

Hier, je me suis levé à 9 heures ; à 11 heures, j'ai joué au tennis ; et j'ai passé mon après-midi au cinéma.

15. Mettez : *ces, mes, les,* etc.

Ce coiffeur travaille bien.

Mon camarade gagne mal sa vie.

J'aime *la* montagne. — Toi, tu aimes surtout *la* rivière.

Ce train va à Marseille.

Cette usine ne travaille pas en hiver.

Ton ami déjeunera dans la forêt ; *il* emportera des fruits dans un sac et *il* passera la soirée au cinéma.

*L'*ingénieur a rendez-vous avec moi.

*L'*employé n'a pas pu travailler hier. *Il* s'est reposé toute la journée.

La dactylo s'est endormie sur son travail.

Mon oncle se porte comme le Pont-Neuf.

16. Mettez : *ce, cet, cette, ces :*

Ferme ... fenêtre.

Je ne lis pas ... journal.

Où est ... montagne ?

Ne mettez pas ... chaussures.

... auto est trop petite.

Vous avez mal appris ... leçon.

Mets ... chapeau et ... veste, mais ne prends pas ... manteau.

Je dors mal dans ... lit.

... ingénieur et ... ouvriers travaillent dans ... usine.

Je porterai ... fruits dans ... sac.

17. Mettez : *demain.*

Tu apprends la leçon 17.

Vous écrivez une lettre à votre directeur.

Je ne suis pas en retard, j'arrive à l'heure.

Tu sais compter jusqu'à mille.

Ils marchent toute la journée dans la forêt.

Les enfants font leurs devoirs.

Vous allez à votre travail à bicyclette.

Tu choisis un joli chapeau.

Nous allons au cinéma.

Il sort jusqu'à dix heures.

Elle fait un gâteau à ses enfants.

Tu lis ton journal.

18. Mettez : *hier.*

19. Mettez : *tu, il, nous,* etc.

Je dirai, tu ...

Je comprendrai, tu ...

Je mettrai, tu ...

Je voudrai, tu ...

Je viendrai, tu ...

Je saurai, tu ...

J'irai, tu ...

Je choisirai, tu ...

Je dormirai, tu ...

Je ferai, tu ...

Je pourrai, tu ...

20 : Mettez : *hier j'ai dit, tu as dit.*

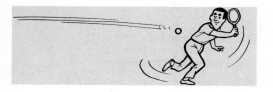

PAUL. — Hier, j'*ai passé* une bonne journée.
ANDRÉ. — Tu *as passé* une bonne journée? Où donc?
PAUL.' — Au tennis. J'**ai emmené** des camarades avec moi. Nous *avons joué* le matin et l'après-midi.

ANDRÉ. — Eh bien, Pierre et moi, nous *avons passé* l'après-midi au cinéma.
PAUL. — Tu *as été* content du film?
ANDRÉ. — Oui. C'était un film **policier.**

PAUL. — Alors, vous *avez passé* aussi un bon dimanche. *T'*es-tu *réveillé* de bonne heure?
ANDRÉ. — Je *me suis réveillé* à 9 heures seulement. Le dimanche, je ne travaille pas et je me lève tard.

JEAN. — Moi, j'*ai passé* le dimanche à la maison. J'**ai réparé** mon auto. J'**ai eu** beaucoup de travail !

Je compte de 1 500 à 2 000 :

1 500	1 600	1 700	1 800	1 900	2 000
quinze cents,	*seize cents,*	*dix-sept cents,*	*dix-huit cents,*	*dix-neuf cents,*	*deux mille,*

1 000 000   1 000 000 000
un million (**de** francs).   *un milliard* (**de** francs).

HIER :

j'*ai* travaillé	nous *avons* travaillé
tu *as* travaillé	vous *avez* travaillé
il *a* travaillé	ils *ont* travaillé

J'ai été, tu as été, il a été, nous avons été, vous avez été, ils ont été
J'ai eu, tu as eu, il a eu, nous avons eu, vous avez eu, ils ont eu

je *me suis* réveillé	nous *nous sommes* réveillé*s*
tu *t'es* réveillé	vous *vous êtes* réveillé*s*
il *s'est* réveillé	ils *se sont* réveillé*s*
(elle *s'est* réveillé*e*)	(elles *se sont* réveillé*es*)

DEMAIN :

Aller	: j'irai		*Lire*	: je lirai
Apprendre	: j'apprendrai		*Mettre*	: je mettrai
Comprendre	: je comprendrai		*Pouvoir*	: je pourrai
Dire	: je dirai		*Prendre*	: je prendrai
Dormir	: je dormirai		*Venir*	: je viendrai
Ecrire	: j'écrirai		*Sortir*	: je sortirai
Faire	: je ferai		*Vouloir*	: je voudrai

Prononciation :

[è+y] Il se ré**veill**e, crayon. — [a+y] trav**aill**er. — [oi+y] vo**y**ager, emplo**y**é. — [oi] m**oi**, tr**oi**(s). — [oin] l**oin**, m**oin**(s). — [oui] L**oui**se, ave(z)-vou(s) écri(t) à M. Dup**ou**y ? — **Oui**. — [ui] h**ui**t, fr**ui**(t).

[y] Ré**veill**(e)-toi, pren(ds) ton ca**hi**er, va trav**aill**er. — L'emplo**y**é est en vo**y**ag(e) avec son directeur. [ui] Pren(ds) encor(e) un fr**ui**(t), et couche-toi sans br**ui**(t) ; il fai(t) n**ui**(t) dep**ui**(s) h**ui**t heur(es). [oin] M. Dub**oin** est m**oin**(s) l**oin**.

La phrase française :

Hier, j'ai travaillé à huit heur(es) ; aujourd'hui j(e) travaill(e) à neuf heur(es) [= nèuvèur]. Demain, j(e) travaill(e)rai à dix heure(s) [= dizeùr].

— La semaine dernière, j'ai lavé le **pantalon** de Théodore. Mais après, il est devenu trop **étroit** et Théodore ne peut plus le mettre.
— Lavez Théodore.

(D'après Léon TREICH, *Histoires anglaises*, Gallimard.)

— Quel **âge** avez-vous ?
— J'ai **oublié** !
— ... ?
— Dame, ça **change** tout le temps !

(Alphonse ALLAIS)

Pitou a dîné hier soir chez des amis. Ils ont beaucoup fumé, ils ont beaucoup **mangé**, ils ont beaucoup **bu*** (je **bois**)... Le lendemain, ça ne va pas : Pitou a mal à la **tête** !
Il prend le téléphone :
— Allô ! Monsieur le Directeur ?
— Allô ! oui.
— Je suis malade ce matin. Je ne peux pas aller travailler. Excusez-moi, monsieur le Directeur.
— Oui, mon vieux, reposez-vous toute la journée. Et demain LUNDI, vous irez très bien !

(D'après Roméo CARLÈS, *Radio-Europe No 1*.)

Une journée de repos :

M. LEROUX. — Vous avez passé un bon dimanche ?
M. LEBRUN. — Non ; je suis fatigué.
— Comment ? Après une journée de repos ?
— De repos...
— Vous ne vous êtes pas reposé ?
— A 6 heures, mon fils a mis sa **moto** en marche et m'a réveillé.
— Et vous ne vous êtes pas **rendormi** ?
— Si, mais, un quart d'heure après, le téléphone me réveille : c'est mon **oncle** Adolphe : il arrive de province et me demande d'aller le chercher à la gare.
— Vous y êtes allé ?
— Naturellement : il est riche et n'a pas d'enfants !
— Il a quel âge ?
— 60 ans, mais il se porte comme le Pont-Neuf : il a déjà **enterré** trois femmes.
— Attention ! Il vous enterrera aussi !
— Heureusement, il n'y a qu'un dimanche par semaine.

63

1. Voilà un **camion bleu**.
1. Voilà une auto *bleue*.

2. Voilà un camion **noir**.
2. Voilà une auto *noire*.

3. Voilà un camion **vert**.
3. Voilà une auto *verte*.

4. Un camion **gris**.
4. Une auto *grise*.

5. Un camion **brun**.
5. Une auto *brune*.

6. Un camion **rouge**.
6. Une auto *rouge*.

7. Un camion **jaune**.
7. Une auto *jaune*.

8. Un camion **blanc**.
8. Une auto *blanche*.

Des camions bleus, noirs, verts, gris, bruns, rouges, jaunes, blancs.
Des autos bleues, noires, vertes, grises, brunes, rouges, jaunes, blanches.

De quelle **couleur** est le camion? — Il est bleu.

Avant-hier, j'ai passé l'après-midi au **bord** de la **mer**. J'aime la mer verte et le **ciel** bleu.

Hier, je *me suis* réveillé à 10 heures.
Hier, elle *s'est* réveillée à 10 heures.
Hier, ils *se sont* réveillés à 10 heures.
Hier, elles *se sont* réveillées à 10 heures.

Hier, je *suis* allé au travail à 11 heures.
Hier, tu *es* allé au travail à 11 heures.
Hier, elle *est* allée au travail à 11 heures.
Hier, nous *sommes* allés au travail à 11 heures.
Hier, elles *sont* allées au travail à 11 heures.

---

noir (m.)   **noire** (f.)
noirs (m.)   **noire**s (f.)

Hier, je *suis* allé, elle *est* allée, ils *sont* allés, elles *sont* allées.
Hier, je *suis* venu ..., je *suis* resté ..., je *suis* entré ..., je *suis* sorti ...
Je *me suis* réveillé, elle *s'est* réveillée, ils *se sont* réveillés, elles *se sont* réveillées

HIER :   HIER :

Aller	: je suis allé (ils sont allés)	*Lire*	: j'ai lu
Apprendre	: j'ai appris	*Mettre*	: j'ai mis
Comprendre	: j'ai compris	*Pouvoir*	: j'ai pu
Dire	: j'ai dit	*Prendre*	: j'ai pris
Dormir	: j'ai dormi	*Venir*	: je suis venu (ils sont venus)
Ecrire	: j'ai écrit	*Sortir*	: je suis sorti (ils sont sortis)
Faire	: j'ai fait	*Vouloir*	: j'ai voulu

Prononciation :

Ver(t), vert(e) - gri(s), gris(e) - blan(c), blan**ch**(e) - brun [comme : un], brun(e) [bru-n(e)].
Mon chapeau e(st) gri(s), ta vest(e) e(st) **gris**(e).
Mon chapeau e(st) ver(t), ta vest(e) e(st) **vert**(e).
Mon chapeau e(st) blan(c), ta vest(e) e(st) blan**ch**(e).
Mon chapeau e(st) brun, ta vest(e) e(st) b**run**(e) [= bru-n(e)].

La phrase française :

Hier, tu as travaillé à huit heur(es). — Aujourd'hui, tu travaill(es) à neuf heur(es) [= neùveùr].
Demain, tu travaill(e)ra(s) à dix heur(es) [= dizeùr].
Hier, vous ave(z) dormi deux heures [= deùzeùr]. — Demain, vous dormire(z) trois heur(es) [= troizeùr].

Pour travailler le **mécanicien** porte un bleu.
Cet homme est gris (populaire : il est noir) :
il a trop bu.

— Avez-vous été heureux dans votre premier métier?
— Ah! non, pendant trois ans, j'ai fait un **dur** travail :
j'en ai vu de toutes les couleurs !

— As-tu vu l'auto de Roger ?
— Oui. Pourquoi donc a-t-il pris une auto rouge ?... Grise,
bleue, noire : oui, ça va !... Mais rouge ?
— Mais non : c'est très bien; pour une petite auto, le
rouge est une bonne couleur : les camions feront attention à elle !

Chez le marchand de couleurs :

LA CLIENTE. — Dans deux mois, je **marie** ma fille. Hier,
elle m'a dit : « Les **murs** de ta maison sont trop **sombres**,
il faut les **repeindre*** en **clair** pour le jour de mon
mariage. »
LE MARCHAND. — Alors, vous refaites vos **peintures** (f.) ?
— Oui. Mais je voudrais votre **avis** (m.).
— Je suis là pour cela, Madame.
— Pour la salle à manger, est-ce qu'il faut du rouge, du
jaune ou du bleu ?
— Oh ! une couleur claire.
— Et pour le **salon** ?
— Pour les salons, on fait beaucoup le gris en ce moment.
— Et pour la chambre de ma fille ?...
— Elle va se marier ? Alors, du **rose**, couleur de la vie
heureuse...

Ce camion, en haut, est petit.
Ce camion, en bas, est grand.
(Les camions sont grands.)

Cette auto, en haut, est petite.
Cette auto, en bas, est grande.
(Les autos sont grandes.)

Ce garçon, en bas, est **beau.**
Ce garçon, en haut, est **laid.**

Cette fille, en bas, est **belle.**
Cette fille, en haut, est laide.

Cet homme, à gauche, est **vieux :** il a 80 ans.
Cet homme, à droite, est **jeune :**
« Quel âge a-t-il? — Il a 25 ans. »

Cette femme, à gauche, est **vieille.**

Cette femme, à droite, est jeune.

67

Ce lit est **large**.   Ce lit est étroit.   Cette porte est large.   Cette porte est étroite.

Cette pomme est bon*ne*.   Cette pomme est mau*vaise*.   Ce pain est bon.   Ce pain est mauvais.

Cette pipe est **longue**.   Cette pipe est cour*te*.   Ce crayon est long.   Ce crayon est court.

Ce vélo est **haut**.   Ce vélo est **bas**.   Cette moto est hau*te*.   Cette moto est bas*se*.

Ce journal est **ancien**
Cette armoire est **ancienne**

Ce manteau est **neuf**
Cette robe est **neuve**

J'ai un **nouveau** camarade
J'ai une **nouvelle** camarade

| (m.) **petit**, **petite** (f.) | (m.) **large**, **large** (f.) | (m.) **beau**, *belle* (f.) |
| (m.) **petits**, **petite**s (f.) | (m.) **larges**, **larges** (f.) | (m.) **beaux**, *belle*s (f.) |

un *gros* homme, une *grosse* femme
un sac *léger*, une table *légère*

Prononciation

peti(t), pẹtit(e) - lai(d), laid(e) - étroi(t), étroit(e) - mauvai(s), mauvais(e) - ba(s), bass(e) - gran(d), grand(e).

Cett(e) femm(e) [= famm] e(st) p(e)tit(e), mais ell(e) n'e(st) pa(s) laid(e).

Pourre(z)-vou(s) passe(r) par cett(e) port(e) étroit(e) et bass(e) ?

La phrase française

Hier nous avon(s) fai(t) troi(s) tabl(es). — Aujourd'hui nou(s) faison(s) [= feùzon] quatre tabl(es). — Demain nous f(e)ron(s) cin(q) tabl(es).

Conversation

VINGTIÈME LEÇON

— Vous avez compris, John; et vous, Maggie ?
Un **coup** de **sonnette**, c'est pour **appeler** John; deux coups, c'est pour appeler Maggie.
— Oui, madame.
....

(John, déjà fatigué de travailler, se repose et lit les journaux de Monsieur... Un coup de sonnette : John reste **couché**... Un autre coup de sonnette.)
JOHN. — On a **sonné** deux coups. C'est pour vous, Maggie.

(D'après Léon TREICH, *Histoires anglaises*, Gallimard.)

69

Je gagne beaucoup d'argent.
J'ai un métier; il est bon.
J'ai un métier *qui* est bon.

J'aime mon métier;
il est **intéressant**.
J'aime mon métier *qui* est intéressant.

— Aimes-tu le métier *que* tu fais ?
— Oui, j'aime beaucoup le métier *que* je fais.
— Qu'est-ce que tu fais comme métier ?
— Je suis **architecte**.
— Alors tu **construis*** des maisons ?
— Oui, j'ai **construit** la maison *que* tu vois.

— Et vous, monsieur ?
— Je suis ouvrier dans une usine.
— Vous travaillez le **bois,** ou le **fer** ?

— Je travaille le bois et le fer. J'ai fait les **meubles,** tables, chaises, armoires, *que* vous voyez.

— Et vous, qu'est-ce que vous faites comme métier ?

— Moi, je suis ingénieur. Je construis des **machines** (f.).

— Et vous ?

— Moi, je suis mécanicien. Je répare les **moteurs** *qui* sont en **panne** (f.) (= *qui* ne marchent plus). Je répare les autos, les avions.

---

un métier *qui* est...   des métiers *qui* sont...

une profession *qui* est...   des professions *qui* sont...

le métier *que* j'ai...   les métiers *que* nous avons...

la profession *que* tu as...   les professions *que* nous avons...

je vois ; tu vois ; il voit ; nous voyons ; vous voyez ; ils voient - je verrai - j'ai vu

---

Prononciation

Pantalon - **enten**dre - **ingé**nieur - **train** - chif**on** - **mon nom** - **moin**(s) - **moi** - **toi** - **huit** - **cher**cher - jardin - larg(e) - lon**gu**(e) - regarder - com(p)ter - **qui** - **que** - savoir - passer - le**çon** - chais(e) - fumer - **pho**tographier - venir.

Charles cherch(e) un **chif**fon. — Le jardin de **J**oseph e(st) larg(e). — **G**aston dor(t) sur la chaise lon**gu**(e).

La phrase française

Hier il(s) sont allé(s) à l'écol(e). — Aujourd'hui il(s) vont au cinéma. — Demain ils iront à l'écol(e).
As-tu un métie(r) ? — Oui, j'ai un métie(r) qui est intéressan(t).
As-tu un(e) auto ? — Oui, j'ai un(e) auto qui e(st) neuve.
Commen(t) e(st) le métie(r) qu(e) tu fai(s) ? — Le métie(r) que je fai(s) e(s)t intéressan(t).

Métiers...

Lucien — Quel métier veux-tu faire, Pierrot, quand tu seras grand ?

Pierrot — Moi, je voudrais être **mécanicien**. C'est amusant de réparer les moteurs d'autos ou de camions qui sont en panne.

Jacqueline — Oh ! Il faut tout le temps avoir les mains sales. Moi, je voudrais être employée dans un grand magasin. On porte une jolie **blouse** blanche ; on voit des femmes bien habillées ; on parle avec beaucoup de gens.

Paul — Oui, mais il faut rester debout toute la journée. Je voudrais être ingénieur (m.), moi. Un ingénieur fait des choses importantes ; des ponts, des **barrages** (m.) au-dessus des rivières, des **voies ferrées** (f.) qui passent sous les montagnes.

Alfred — Moi, je serai architecte : je construirai un **atelier** pour Pierrot qui veut être mécanicien, un magasin où Jacqueline mettra de jolies choses, des maisons que les ouvriers de Paul habiteront.

Lucien — Et toi, André, qu'est-ce que tu feras ?

André — Rien. Je voyagerai à travers le monde.

Deux hommes roulent en auto :

— Qu'est-ce que fait Gustave ?

— Il est ingénieur.

— Qu'est-ce qu'il construit ?

— Des voies ferrées, des barrages, des ponts... Tiens, il a construit le pont où nous passerons dans une minute.

— Vraiment ? Alors, je prends une autre route !

— Vous avez une usine, monsieur Legrand?

— Oui, je suis le directeur de l'usine de **caoutchouc** que vous voyez là-bas. Je fais des **pneus** (m.) de camions.

— Oh ! c'est une grande usine !

— J'ai 1 948 ouvriers, **presque** 2 000.

— Et vous, mademoiselle Julie, vous travaillez aussi dans l'usine de M. Legrand?

— Oui. Je suis sa **secrétaire**. Vous voyez, je *viens de* préparer son **courrier** [=ses lettres (f.)] et la dactylo *va taper* le courrier que j'ai préparé.

— Tiens, monsieur Lefèvre !... Que devenez-vous?

— Je travaille dans un magasin, pas **loin** *d'ici*.

— Où ça?

— **Epicerie** Dupont. Vous savez bien, la petite épicerie qui est rue Pasteur.

— Oui, je sais.

— Mais je voudrais changer. Je ne gagne pas assez...

— Oui, aujourd'hui il **faut*** gagner de l'argent. Il *faut de* l'argent pour manger, pour s'habiller, pour voyager !

73

Il *faut de* l'argent?

Il *faut* surtout *du* bonheur.

Il *faut* se lever.

Il *faut* pousser, mon vieux !

Je vais* lire (tu vas ..., il va ...) — Je *viens* de lire (tu viens *de* ..., il vient *de* ...)

Il faut (lire, venir, aller, etc.), il faudra ..., il a fallu ...
Il faut *de* la viande. — Il faut *du* pain.

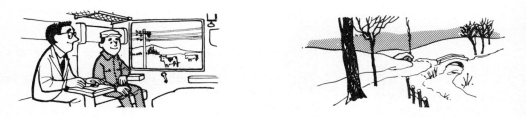

Prononciation

[in] L'**in**génieur e(st) dan(s) l(e) t**rain** avec le mécani**cien**. — Je cherch(e) de la **pein**tur(e) pour **pein**dre le salon. — Juli**en** revi**en**(t) d(e) Berl**in**.

[an] **En** dé**cem**br(e), le sil**en**c(e) desc**en**(d) sur la **cam**pagn(e).

[on] Nous av**on**(s) été **con**ten(ts) du **bon** film que nous av**on**(s) vu, **mon on**cl(e) et moi.

La phrase française

T'es-tu lavé ? — non, mai(s) j(e) vai(s) m(e) lave(r). — As-tu déjeuné ? — oui, je viens d(e) déjeune(r).
Donn(e)-moi le stylo qui e(st) sur la tabl(e).
Mad(e)moisell(e), donne(z)-moi l(e) livr(e) que j'ai d(e)mandé.

Les deux secrétaires

1re SECRÉTAIRE. — Tu sais la nouvelle ? Le directeur va partir pour huit jours.

2e SECRÉTAIRE. — Chic ! nous allons être **tranquilles...**

— Tu oublies le sous-directeur. Il faudra taper son courrier...

— Ah! oui, et avec cela, il n'est jamais content. Tu sais pourtant le prendre, toi, le sous-directeur. Quand tu entres dans son bureau, il **a l'air** tout heureux.

— Il voudrait m'emmener un soir au théâtre.

— Eh bien, il faut dire oui !

— Je **préfère** aller **danser** avec Jean-Louis.

— Le concierge ?

— Il danse bien, tu sais.

— Pff !... Il ne gagne rien.

— Il m'aime.

— Et le sous-directeur, alors ? Hier encore, il me disait : « Je suis malheureux : Hélène ne voudra jamais être ma femme. »

— Sa femme ? La femme du sous-directeur ? Mais il ne sait pas danser !

— Oh ! Avec toi, il va vite apprendre, ma petite ! **L'amour** (m.) est un bon professeur !

Ah! ces dactylos!

— Mademoiselle Legris, quelle heure est-il?

— Il est 11 heures, monsieur le Directeur.

— Avez-vous préparé mon courrier?

— Non, monsieur le Directeur.

— Vous ne travaillez pas vite!

— Si, monsieur le Directeur.

— Comment, depuis hier soir vous n'avez pas encore tapé mes lettres?

— Non, monsieur le Directeur.

— Allez, faites vite!

— Je ne peux pas, monsieur le Directeur.

— Pourquoi?

— Ma machine vient de tomber en panne, monsieur le Directeur.

— Et vous ne m'avez rien dit!

— Vous ne m'avez rien demandé, monsieur le Directeur.

75

EXERCICES
(Leçons 19 à 22)

1. Lisez et écrivez :

Je viens d'acheter une auto. Une auto rouge, qui n'est pas grande (deux places seulement), mais qui roule vite : 80 km à l'heure.

Dimanche prochain, ma femme et moi, nous irons au bord de la mer. Nous partirons de Paris très tôt et à 9 heures nous arriverons à Dieppe. L'auto restera dans la ville, et nous, nous descendrons vers la mer, nous nous déshabillerons et nous nous baignerons. Dans la mer verte, sous le ciel bleu, comme le bain sera bon !

2. Mettez :

Dimanche dernier, ma femme et moi, nous ... etc. jusqu'à ... *Dans la mer verte ...*

3. Répondez :

Qu'est-ce que fait *l'ingénieur ?* le *mécanicien ?* la *dactylo ?* le *directeur ?* le *professeur ?* l'*épicier ?*

Qui est-ce qui *tape le courrier* du directeur ?
Qui est-ce qui *construit les barrages ?*
Qui est-ce qui *répare les autos en panne ?*
Qui est-ce qui *fait des meubles ?*
Quelle est la *couleur* de vos yeux ? de votre stylo ? de votre auto ? de vos chaussettes ? de vos chaussures ?
De quelle *couleur* est le ciel aujourd'hui ?
Combien font :
14 759 + 3 244 =
23 543 — 12 412 =
123 × 475 =
24 840 : 2 =   (écrivez les chiffres en lettres.)
Combien y a-t-il de minutes dans une journée ?
Mon auto fait 1 km 500 en une minute. *Combien fait-elle en une heure ?*
De Paris à New York, il y a 6 000 km. Je prends l'avion qui vole à 1 000 km à l'heure. *Combien de temps* mettrai-je ?

4. Ecrivez :

Une maison *(bas)*.
Une route *(gris)*.
Des feuilles *(blanc)*.
Des yeux *(bleu)*.
Une porte *(étroit)*.
Des vêtements *(court)*.

Des lettres *(intéressant)*.
Des cheveux *(brun)*.
Des maisons *(tranquille)*.
Une armoire *(ancien)*.
Une blouse *(neuf)*.
Une vie *(malheureux)*.
Des mots *(nouveau)*.
Des rues *(large)*.
Des airs *(important)*.
Des robes *(rose)*.
Une secrétaire bien *(habillé)*.

5. Écrivez :

Cette machine est *(vieux)*.
Ces *(jeune)* filles sont *(beau)*.
Cette montagne est *(haut)*.
Mon infirmière est *(fatigué)*.
La dactylo est *(joli)*, mais l'épicière est *(laid)*.
Les murs de la salle à manger sont *(clair)*.
Cette dame a eu une vie très *(dur)*.
L'ingénieur a construit une voie ferrée très *(long)*.

6. Mettez : *qui ou que*

J'ai une auto ... roule vite.
La photo ... vous regardez est mauvaise.
Le crayon ... tu m'as donné est vert.
J'ai vu des oiseaux ... étaient bleus et jaunes.
Le directeur a une dactylo ... tape vite son courrier, mais une secrétaire ... arrive toujours en retard.
Le pantalon ... je mets est trop large; mais j'ai des chaussures ... sont trop étroites.
La lettre ... vous écrivez est trop longue.
Le livre ... je viens de lire n'est pas intéressant.
Les langues étrangères ... je parle sont l'anglais, l'allemand et l'espagnol.
Il y a des marchands ... ne font pas attention à leurs clients.
La bière ... je bois n'est pas bonne.
Je vois beaucoup d'ouvriers ... sont mal habillés.
Vous avez mis un manteau ... est sale.
Les clients ... je vais voir ne sont pas contents.
Il vient d'apprendre une nouvelle ... n'est pas amusante.
Le patron a acheté un camion ... ne roule pas assez vite.
Le vert est la couleur ... je préfère.

7. Mettez : *tu, il, elle, nous, vous, ils, elles.*

Je *sais* dessiner un avion ;
Je *veux* apprendre le français ;
Je *vois* une auto en panne.
Je ne *peux* pas me lever de bonne heure.
Je *viens* voir le sous-directeur.
Je *sors* du bureau à sept heures.
Je *bois* de l'eau à midi et du vin le soir.
Je *repeins* le salon en jaune.
Je *refais* du russe avec un professeur.
Je *vais* à un beau mariage.

8. Dites des objets :

Verts, blancs, gris, jaunes, bleus, rouges, bruns, noirs.
En *bois,* en *fer,* en *papier,* en *caoutchouc.*

9. Ecrivez : Le *mécanicien* va ... etc.
Le *mécanicien* vient de ... etc.
Le mécanicien *répare* des autos en panne.
Cet architecte *construit* de grandes maisons.
Nous nous *baignons* dans la rivière.
Vous *prenez* de belles photos.
Tu *joues* au tennis.
Je *vais* chez le directeur.
Votre dactylo *tape* votre courrier.

10. Mettez : *ce, cet, cette, ou ces :*

C ... dessin est mauvais. Regardez c ... camion :
il est trop petit ; c ... auto : elle est trop grande ;
c ... pont : il est trop bas ; c ... arbre : il est trop
gros.
Et c ... couleurs ! elles ne sont pas bonnes.
C ... ciel est vert, c ... arbres sont gris, c ...
route est bleue.
Prenez c ... feuille de papier, c ... crayon de
couleur. Il faut refaire cela (ou : ça).

11. Mettez les mots qu'il faut :

Tes camarades ont trop bu ; ils sont ...
Ça marche, avec ton directeur ? — Ah ! non,
avec lui j'en vois de toutes les c ...
Comment sera ton auto ? Jaune ou noire ? — Non ;

je trouve le jaune trop cl ... et le noir trop
s ... : elle sera bleue.
Pour travailler sous l'auto, il faut mettre ta bl ...
Nous ne pouvons pas sortir en ce moment : il p..
L'ingénieur construit un b ... dans la montagne
et un p ... sur la rivière.
Pour bien voir, l'oncle Antoine met des l ...
Où allez-vous ? — Au cinéma. — Au cinéma ?
Mais le film q.. passe en ce moment n'est pas
bon. Moi, je pr ... aller ... théâtre, ou encore
aller da ... .

12. Mettez : *tu, il, nous, etc.,* puis : *je vais ...*
je viens de ...

J'ai appris, tu ...
Je suis allé, tu ...
J'ai lu, tu ...
Je suis sorti, tu ...
J'ai bu, tu ...
Je suis devenu, tu ...
J'ai compris, tu ...

13. Mettez : *tu, il,* etc.

Je vais changer de métier, tu ...
Je vais faire mon devoir, tu ...
Je vais me reposer dans ma chambre, tu ...
Je viens de me réveiller, tu ...
Je viens de taper mon courrier, tu ...
Je viens de voyager en France, tu ...

14. Mettez : *à travers, au-dessus de, avec, comme,*
dans, de, depuis, en, loin de, pour, sous.
Cette dame va marier sa fille ... deux mois.
Que faites-vous c ... métier ?
Elle voudrait voyager à tr ... le monde.
Habitez-vous l ... ici ?
Je suis entré ... un bon restaurant ... bien manger.
La voie ferrée passe au d ... la rivière.
Je suis resté debout ... le train.
Je viens ... danser ... une jolie femme.
Nous nous sommes promenés ... forêt ; puis
nous avons dormi ... un vieil arbre.
Quelle peinture vas-tu choisir ... ta chambre ?
... quand sont-elles arrivées au bord de la mer ?
... bien vivre, il faut beaucoup d'argent.

Ce mur est haut : il a **8 mètres** (m.), il **mesure** 8 mètres.

Il a 8 mètres de haut.

Combien a-t-il de haut? Il a 8 m.

Ce mur est bas : il a 1 mètre, il mesure 1 mètre.

Il a seulement 1 mètre de haut.

Le premier mur est *plus haut que* le deuxième.
Le deuxième mur est *moins haut que* le premier.

Jean n'est pas *plus grand que* Pierre.
Pierre est *aussi grand que* Jean.

Henri est *plus grand que* Jean et que Pierre.
Henri est *le plus grand des* trois.

Mon atelier a 10 mètres de long. — Combien a-t-il de long ? — Il a 10 mètres.
Ton atelier a 8 mètres de large. — Combien a-t-il de large ? — Il a 8 mètres.
Son atelier a 5 mètres de haut. — Combien a-t-il de haut ? — Il a 5 mètres.

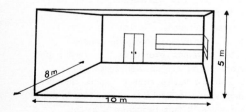

Mon atelier a 10 mètres sur 8 mètres :

il a
il fait } 80 **mètres carrés.**

Mon atelier a 10 mètres de long sur 8 de large et 5 de haut :

il fait 400 **mètres cubes.**

— Jean, mesurez cette table, voulez-vous ?
— Je n'ai pas de **mètre**.
— En voilà un.
— Merci, monsieur. Je mesure la table : elle a 2 mètres sur 3.

— Tiens, elle est *plus large que* la porte ! Elle ne va pas passer par la porte.

---

plus grand *que* ...
(+)
moins grand *que* ...
(—)
aussi grand que ...
(=)

le plus grand *des* trois
la plus grande *des* trois
les plus grands *de* toute la famille

Attention ! **bon**, *moins bon* que ...
    mais : *meilleur* que ...
    et : *le meilleur* des trois, *la meilleure* des élèves
il travaille **bien** - il travaille *mieux* que toi - C'est lui qui travaille *le mieux*

Prononciation

[é] **Les é**tudiants écout(ent) le(s) l(e)çons de(s) professeur(s).
[è] **E**(st)-c(e) que Pierr(e) veut êtr(e) architect(e) ?

La phrase française

Je viens d(e) mesurer l(e) lit qui e(st) dans ta chambr(e) : il e(st) plu(s) larg(e) que cett(e) port(e).
Commen(t) va Jean ? — Il va mieu(x) qu'hier.

L'homme **fort** et l'homme **rapide**.

L'Homme fort. — Pourquoi passez-vous des journées à **courir** ainsi sur les routes ? Justin a une **jambe** de bois; pourtant, quand il est dans mon auto, il va plus vite que vous...

L'Homme rapide. — Mais vous, pourquoi passez-vous vos journées à faire des **exercices** (m.) de **force** (f.) ?

— Je fais travailler mes bras aussi bien que mes jambes. Savez-vous que je mesure 2 mètres de haut et que j'ai 1 mètre de **tour** (m.) ?

— Oh ! vous êtes cher à habiller !

— Mes **bras** sont aussi gros que votre **cou** (m.). D'un coup de **poing** (m.), Monsieur, je peux **écraser** votre chaise.

— Moi, vous ne m'écraserez pas. Pourtant je suis plus petit et moins fort que vous. Mais je cours plus vite, je suis plus rapide (moins **lent**), et il faudra d'abord m'**attraper**... ! Et vous verrez à quoi ça **sert***, la course à pied.

— De quoi vous servez-vous, pour laver votre **plancher**, madame Michu ?

— Beaucoup de choses sont bonnes. Mais ce qui fait le mieux, c'est mon mari.

On demande à un vieux **paysan** :

— Quel âge avez-vous ?

— Je ne sais pas.

— Comment ! vous ne savez pas votre âge ?

— J'ai besoin de compter mes **moutons** (m.), de compter mon argent. Mais je n'ai pas besoin de compter mes années : je ne les perdrai pas !

(D'après E. Ramon, *Les véritables histoires marseillaises*, Éditions de Paris.)

— Combien y a-t-il d'ici à la porte de l'usine?
— Il y a 150 mètres.
— Combien y a-t-il d'ici à Paris?
— Il y a 200 **kilomètres.**
— Combien y a-t-il de mètres dans un kilo-
mètre?
— Il y a 1 000 mètres.

Dans un mètre il y a 100 **centimètres.**
Dans un centimètre il y a 10 **millimètres.**
Dans un mètre il y a 100 **fois** plus, il y
a 1 000 millimètres.
— Oh! vous savez compter!

— Jean, mesurez ce tableau, s'il vous plaît.
— Je *le* mesure... Il a 2 mètres sur 1 m 50.
— Non, vous avez mal mesuré: il a 2 mètres
sur 1 m 30. Mesurez cette table, main-
tenant.
— Je *la* mesure. Elle a, **à peu près**, un mètre
sur deux.
— Non: pas « à peu près »: **exactement?**
— Eh bien! je *la* mesure encore: elle a
1 m 10 sur 2 m 05.
— Mesurez ces tableaux et ces tables!
— Je vais *les* mesurer, monsieur.

81

Le docteur Legrand *me* **soigne** bien.
Le docteur Martin *te* soigne bien.

Le docteur Vincent $\left\{ \begin{matrix} le \\ la \end{matrix} \right\}$ soigne bien.

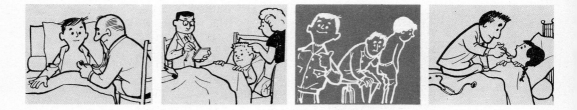

Le docteur Legrand *nous* soigne bien.
Le docteur Martin *vous* soigne bien.
Le docteur Vincent *les* soigne bien.
Le docteur Legrand *m*'a bien soigné.
Le docteur Martin *t*'a bien soigné.
Le docteur Vincent *l*'a bien soigné (= **lui**).
    l'a bien soigné *e* (= **elle**).
Le docteur Vincent *les* a bien soigné *s* (= **eux**).
    les a bien soigné *es* (= **elles**).

il *me* soigne	il *nous* soigne
il *te* —	il *vous* —
il *le*, *la* —	il *les* —

Prononciation

[u] Le(s) mur(s) du bureau mesur(ent) quatr(e) mètres sur huit.
[eú] Je veu(x), mai(s) je n(e) peu(x) pas. — Monsieu(r) Durieu(x) e(st) vieu(x).
[eù] Les ingénieur(s) son(t) d(e)pui(s) un(e) heur(e) che(z) l(e) directeur.

La phrase française

As-tu m(e)suré ton bureau ? — Je vais le m(e)sure(r) (ou : je vais l(e) mesure(r)). — Et l(es) chambr(es) ? — J(e) vien(s) d(e) les m(e)surer.

ELLE. — Mon chéri, combien y a-t-il de Paris à Nice ?

LUI. — 1 000 kilomètres **environ** (ou **à peu près**).

ELLE. — Et combien de temps allons-nous mettre ?

LUI. — Deux jours; 15 heures de route. Nous **coucherons** à Avignon.

ELLE. — Quoi, du 60 à l'heure seulement ?

LUI. — Dame ! la route est longue. Et je ne peux pas faire plus de 500 kilomètres par jour. C'est **trop** fatigant.

ELLE. — Mais, par Grenoble et les Alpes, il y a moins loin ?

LUI. — Oui. Il y a seulement 800 kilomètres. Mais on va encore moins vite à cause des montagnes. Au lieu de les **traverser**, je préfère passer par Avignon qui est une jolie ville.

ELLE. — Nous la **visiterons** ?

LUI. — Ah ! ça va nous retarder et la vitesse **baissera** encore.

LE JEUNE PIERROT. — Alors, non. Du 60 à l'heure, on ne peut pas faire moins. Autrement, à quoi ça sert, une auto ?

De la Terre à la Lune, il y a environ (ou à peu près) 380 000 km.

De la Terre à Mars il y a environ 60 000 000 km (60 millions de km).

De la Terre à Vénus il y a environ 108 000 000 km (108 millions de km).

De la Terre au Soleil il y a environ 150 000 000 km (150 millions de km).

Le professeur, aux élèves :

— Combien y a-t-il de la **Terre** au **Soleil** ?

PIERROT. — Je sais, Monsieur : 149 500 000 kilomètres.

— Très bien. Comment as-tu trouvé cela ?

— J'ai trouvé ça **énorme**.

(D'après *France-Dimanche*, Jean GIROUX.)

83

LEÇON 25

**Les *mesures* (III) - Le *kilo* -
Cela *coûte* 10 *francs*
Je pèse - J'achète**

Ce sac est lourd.
— Combien **pèse** ce sac ?
— Il pèse 30 **kilos** (ou : 30 kilogrammes).

— Avec quoi le pesez-vous ?
— Je le *pèse* avec une **balance,** avec
cette balance $\begin{cases} \text{qui est là-bas ;} \\ \text{que vous voyez là-bas.} \end{cases}$

— Portez cette table dans la salle 10.
— Je ne peux pas la porter. Elle est trop
lourde : elle *pèse* 65 kilos.

— Combien *pèse* un **litre** d'eau ?
— Un litre d'eau *pèse* 1 kilo (un kilogramme).
Dans un kilogramme, il y a 1 000 **grammes** (m.).

— Combien *pèse* une **locomotive ?**
— Une locomotive ? Elle peut *peser* 100
tonnes (f.).

— Combien y a-t-il de kilos dans une
tonne ?
— Dans une tonne il y a 1 000 kilos.

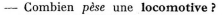

Voilà un gros bateau : c'est le « France ».
Il fait 50 000 tonnes.

Nous **achetons** du **lait**. (Le marchand nous **vend** du lait.) Le litre de lait **coûte** soixante **centimes** (m.) [0,60 F]. Dans 1 franc il y a 100 centimes.

J'*achète* un demi-kilo de pommes (ou : une livre de pommes). Elles coûtent **1 franc** (1 F) le **demi-kilo** (ou : la **livre**).

Ce n'est pas **cher**. Ces pommes ne sont pas **chères**.

Je p**è**se, tu p**è**ses, il p**è**se, nous pesons, vous pesez, ils p**è**sent.
    Je p**è**serai. — J'ai pesé.
J'ach**è**te, tu ach**è**tes, il ach**è**te, nous ach*(e)*tons, vous ach*(e)*tez, ils ach**è**tent.
    J'ach**è**terai. — J'ai ach*(e)*té.
J'emm**è**ne, tu emm**è**nes, il emm**è**ne, nous emm*(e)*nons, vous emm*(e)*nez, ils emm**è**nent.
    J'emm**è**nerai. — J'ai emm*(e)*né.
Je me l**è**ve, tu te l**è**ves, il se l**è**ve, nous nous l*(e)*vons, vous vous l*(e)*vez, ils se l**è**vent.
    Je me l**è**verai. — Je me suis l*(e)*vé.

Le kilo est cher. — Cette maison est ch*è*re.

Prononciation

[ui] Je s**ui**s avec h**ui**(t) men**ui**sie(rs) dep**ui**(s) midi jusqu'à min**ui**(t).
[oui, ouè] **Oui**, donn(e) le j**oue**(t) à L**oui**s(e).
[oin] San(s) me(s) lunett(es), je v**oi**(s) m**oin**(s) l**oin**.
[y] Pierr(e) vien(t) ; il tien(t) un p(e)ti(t) chien.

La phrase française

Pour voyage(r), il fau(t) un(e) auto.
Il te fau(t) un(e) auto, à toi.
Il me fau(t) un(e) auto, à moi.

Il lui fau(t) un(e) auto, à lui (à elle).
Il leur fau(t) des auto(s), à eu(x) (à elle(s)).

Chez le marchand de **charbon** (m.).

M. DURAND. — Combien faut-il de charbon pour **chauffer** une maison de 4 **pièces** (f.) ?

LE MARCHAND. — 15 sacs par mois, à peu près.

— Cela fait combien de kilos ?

— Un sac pèse 50 kilos, 15 sacs pèseront donc 750 kilos.

— Ça me coûtera combien ?

— La tonne de charbon coûte 280 F. Comptez vous-même.

— Ce n'est pas mon métier.

— Eh bien! vos 15 sacs vont vous coûter 210 F.

— Et pour tout l'hiver, ça me fera combien ?

— A partir de quand chauffez-vous ?

— Eh bien! à partir du 15 octobre.

— Jusqu'à quand ?

— Jusqu'au printemps, jusqu'au 31 mars.

— Vous chauffez donc pendant 5 mois et demi ?

— Oui.

— Eh bien, 210 F par 5,5 : cela fait...

— ... ?

— 1 155 F.

— C'est cher. Vous gagnez sûrement plus d'argent que moi.

— Quel est votre métier ?

— Professeur de **mathématiques** (f.).

— De mathématiques ? Et vous ne savez pas compter ?

— Si. Mais je **laisse** faire les marchands pour voir...

— Qu'est-ce qui est le plus lourd, un kilo de fer, ou un kilo de pommes ?

— Un kilo de fer, monsieur ! Le fer est plus lourd que les pommes.

— Non, tu n'as pas trouvé. Un kilo de fer est aussi lourd qu'un kilo de pommes. Tout ça pèse un kilo!

— J'ai faim. Je **voudrais** *manger*.
— Tu as faim? Alors, oui, il faut *manger*.
— Qu'est-ce que tu me donnes ⎫
  Que me donnes-tu ⎭ à *manger* ?

— Voilà le pain et le **fromage**. Prends du pain et du fromage. Voilà une **assiette**.
— Et toi, Jean, veux-tu *manger* aussi ?
— Non, je n'ai pas faim. Merci.

— *Qu'est-ce que* vous *mangez* ?
  Que mangez-vous ?
— Nous *mangeons* du pain.

— Mangez donc aussi du fromage, et un peu de viande.

— Moi, j'ai soif, je voudrais *boire*. Donnez-moi à *boire*, s'il vous plaît.
— Voilà un **verre**. Que voulez-vous *boire* ?
— De l'eau avec un peu de **vin** ou de la bière ou du **café**.

— La **bouteille** de vin est sur la table. Prends-la et *bois*. Mais ne *bois* pas vite, *bois* **lentement**. Les médecins disent toujours : « *Mangez* et *buvez* lentement ».

— Nous **chargeons** du **pétrole** sur ce **pétrolier.**

— Puis ce pétrolier **déchargera** son pétrole dans un **port** français.

Je donne un verre à Jean. - Je **lui** donne un verre.
- Je donne un verre à Marie. - Je **lui** donne un verre.
- Je donne des verres à Jean et à Marie. - Je **leur** donne des verres.

Je mange, tu manges, il mange, nous mang*e*ons, vous mangez, ils mangent.
Je charge, tu charges, il charge, nous charg*e*ons, vous chargez, ils chargent.
Je change, tu changes, il change, nous chang*e*ons, vous changez, ils changent.

Je bois, tu bois, il boit, nous buvons, vous buvez, ils boivent.

Je *lui* donne - Je *leur* donne.

Prononciation

[ch, j] Dimanch(e), j'ai passé un(e) bell(e) journé(e) : il a fai(t) **ch**au(d).
[j] Le garag(e) de **J**oseph e(st) plu(s) larg(e) que l(e) garag(e) de **J**ean-**J**acqu(es).
[g] Prene(z) **g**ard(e) à la **g**lac(e) du magasin. — Mar**g**uerit(e) a la lan**gu**e trè(s) lon**gu**e (= elle dit beaucoup de mal des autres).

La phrase française

Qu'est-c(e) qu'il fai(t), avec son auto ? — Avec son auto, il voyag(e).
Il lui fau(t) un(e) auto, pour voyag(er) (= à lui, à elle).
Il leur fau(t) des auto(s), pour voyag(er) (= à eux, à elles).
Il nou(s) fau(t) des auto(s), pour voyag(er).

88

LE CLIENT. — Alors, garçon, vous avez bien entendu :
Je voudrais du **poisson** et un peu de fromage.
LE GARÇON. — Pas de viande ?

— Non, merci.

— Et pour boire ? Du rouge, du blanc ?

— Jamais de vin.

— De la bière, alors ?

— Non plus : de l'eau.

— De l'eau ? Manger du fromage sans prendre un verre de
vin ? Je n'ai jamais vu ça !

— La santé d'abord.

— Le vin n'a jamais fait de mal à **personne**. Mon père en
boit depuis 60 ans : il se porte très bien. Et puis, l'eau,
ça vous donne des **maladies** (f.). Elle n'est pas toujours
propre, vous savez.

— Eh bien, vous me donnerez une bouteille d'eau
minérale.

— Et avec votre café, rien non plus ? Un petit verre
d'**alcool** (m.)... et le déjeuner passe mieux !

— Malheureux ! De l'alcool ! Vous buvez de l'alcool !
Mais l'alcool **tue**, lentement !

— Oh ! vous savez, je ne suis pas **pressé**...

Personne ne vient ≠ **Tout le monde** vient.

— Allons, camarades, il faut charger le deuxième camion.

— Bon ! nous chargerons encore les sacs qui sont ici ?
Oh ! ils ne sont pas légers : ils sont lourds !

— Oui, ils pèsent beaucoup. Je suis fatigué et j'ai soif !

— Et moi, j'ai faim. Je n'ai pas mangé ce matin.

— Comment ça ?

— Ma femme a mis hier soir ma viande et mon fromage
dans une assiette, sur la table. Ce matin, quand je me suis
levé, plus rien ! Mon chien a **sûrement** tout mangé.

La *chambre* –
Venez avec *moi* – J'appelle

— Où habitez-vous ?
— J'habite à l'**hôtel**.

— Moi, je viens de **louer** une chambre à la Cité universitaire.

— C'est cher?
— Pas trop : environ 60 francs (60 F) par mois. Quel est le prix de votre chambre d'hôtel ?
— Elle me coûte 100 francs (100 F).
— Ça, c'est plus cher ; ce n'est pas **bon marché**.
— Combien dépensez-vous, chaque mois, pour votre chambre et pour votre **restaurant** ?
— A peu près 400 francs (400 F).

— Paul et *moi*, nous habitons aussi à la **Cité universitaire**. Et nous mangeons tous deux au restaurant de la Cité, chez Mimi.

— Chez Mimi ?
— Oui. La **directrice** du restaurant de la Cité universitaire s'appelle Micheline. Mais tout le monde l'appelle Mimi.

— Je voudrais aller à la Cité universitaire. Voulez-vous y venir *avec moi* ? Vous me **conduirez***.
— Marcel y va, **justement**. Allez-*y avec lui*.
— Non, il n'*y* va pas ; il *en* vient au contraire, et il n'*y* retourne pas.

— Alors, **c'est entendu**, j'*y* vais *avec vous*.

| avec *moi*, | avec *lui*, | avec *nous*, | avec *eux*, |
| avec *toi*, | avec *elle*, | avec *vous*, | avec *elles*. |

Donne-*moi*. — **Donne-*lui*** (m. et f.). — **Donne-*nous*.** — **Donne-*leur*** (m. et f.)

J'appe*lle*, tu appe*lles*, il appe*lle*, nous app(e)*l*ons, vous app(e)*l*ez, ils appe*llent*.

J'appe*ll*(*e*)rai. — **J'ai app(e)*lé*.**

J'*y* vais. — **J'*en* viens.**

Prononciation

[k] **C**ompte(z) le(s) **k**ilomètr(es) **qu**'il y a jus**qu**'à Mos**c**ou. — J'en **c**ompt(e) **qu**inz(e).
[s] **C**e gar**ç**on a eu un « **c**inq » pour sa l(e)**ç**on. — « Viens don**c**. — Où **ç**a ? — I**c**i ». — **S**imon e(s)t-assi(s) sur son sac.
[z] Le(s) menuisie(rs) mesur(ent) le salon ros(e).

La phrase française

Paul e(s)t aussi gran(d) que Pierr(e). — Voilà l(e) chapeau qu(e) j'ai ach(e)té. — Avec quoi écri(s)-tu ?
— J'écri(s) avec un stylo. — Qu'est-c(e) qu'il vou(s) fau(t) ? — Il me fau(t) un stylo pour écrir(e).
— Je sor(s) avec lui ; je sor(s) avec eu(x).

Une chambre sous le **toit**.

1re ÉTUDIANTE. — Connais-tu de bons hôtels ?

2e ÉTUDIANTE. — Ce n'est pas cela qui **manque**.

— Mais moi, je cherche un hôtel bon marché.

— A quel prix environ ? (ou : dans quel prix ?)

— 20 francs.

— Par nuit ?

— Non, par mois !

— Tu n'en trouveras pas.

— Comment faire, alors ! Mon père m'**envoie** 150 francs par mois, et je les dépense pour manger.

— Fais comme moi. Va dans une famille française. On te donnera une chambre et les repas; seulement, tu **garderas** les enfants le matin.

— Mais je suis venue à Paris pour apprendre le français !

— Tu l'apprendras l'après-midi, à l'Alliance française, par exemple.

— Dans la famille où tu es, tu manges bien ?

— Oui, très bien.

— Et la chambre ?

— J'ai une chambre au 7e étage.

— Sous le toit ? Ce n'est pas **gai**. C'est même **triste** !

— Au contraire : là-haut, tu es plus près du ciel; et le matin quand le soleil se lève, c'est à toi qu'il dit bonjour d'abord.

EXERCICES
(Leçons 23 à 27)

1. Lisez et écrivez :

J'ai un camarade, qui est mécanicien sur une locomotive. Il gagne bien sa vie : 900 F par mois. Mais
il fait un dur métier. D'abord, il a le visage et les
mains aussi noirs que le charbon. Et puis, il est
souvent loin de chez lui. Il mange au restaurant
et couche à l'hôtel 3 ou 4 nuits par semaine. Tout
cela coûte cher et n'est pas bon pour la santé.
Moi, je suis employé dans un grand magasin. Je
gagne seulement 550 F par mois. Mais je fais
40 heures par semaine : pas plus. Je peux prendre
tous mes repas chez moi, coucher tous les soirs
dans mon lit, et je me repose le samedi et le
dimanche. Oui, j'aime mieux gagner moins et
être plus heureux.

2. Répondez :

Que fait mon camarade ? Il est ... Combien
gagne-t-il par mois ? ... Comment est son métier ?
... De quelle couleur est son visage ? ... Prend-il
tous ses repas chez lui ? ... Et moi, qu'est-ce que
je suis ? ... Combien est-ce que je gagne ? ...
Est-ce que je travaille 50 heures par semaine ? ...
Est-ce que je déjeune souvent au restaurant ? ...

3. Répondez :

Les 4 murs de ma chambre mesurent 4 mètres
de long et 3,50 m de haut. Combien font-ils de
mètres carrés en tout ?

Ma chambre a 5 m de long, 4 m de large, et 3,25 m
de haut. Combien fait-elle de *mètres cubes* ?

Combien y a-t-il de *centimètres* dans un km ?

Combien de *millimètres* dans 3,85 m ?

De Paris à Marseille, il y a 800 km. Mon auto
roule à 90 km à l'heure. Combien de *temps* me
faudra-t-il ?

Pour aller de Paris à Rouen, j'ai mis 1 h 1/2.
J'ai roulé à 80 km à l'heure. *Combien de* kilomètres y a-t-il de Paris à Rouen ?

J'ai un enfant de 2 mois. Il boit 1 litre de lait par
jour. Le litre de lait coûte 0,52 F. Combien
est-ce que je dépense *par semaine ?* Par *mois ?*
Par *an ?*

Combien de *kilos* pèsent 9 litres d'eau ? Combien
de *grammes ?* Combien de *grammes* pèsent deux
litres et demi d'eau ?

1 litre de pétrole pèse 900 g. Combien de *litres*
contient un pétrolier de 4 500 tonnes ?

Je gagne 3,50 F de l'heure. Je travaille 8 h par
jour et 5 jours par semaine ? Combien est-ce que
je gagne *par jour ? par semaine ?*

Combien de *kilos* pesez-vous ? Combien de *centimètres* mesurez-vous ?

Quel âge avez-vous exactement (*années, mois, jours*)?

Ma femme achète 3 livres de viande à 9 F le kg ;
un pain de 300 g à 0,60 F la livre ; 2 litres de
lait à 0,54 F le litre ; 200 g de fromage à 7 F
le kg ; 2 bouteilles de bière à 0,85 F et 1 bouteille
de vin à 1,30 F. *Combien d'argent* a-t-elle dépensé ?
— Elle est partie avec 100 F : *combien* lui reste-
t-il ?

4. Répondez :

Avec quoi fait-on le fromage ?
Sur quoi écrit-on des lettres ?
Dans quoi vous reposez-vous la nuit ?
Avec quoi est-ce qu'on fait les meubles ?
Avec quoi pouvez-vous lire l'heure ?
Avec quoi le boulanger pèse-t-il une livre de pain ?
Que mettez-vous pour vous habiller ?
Avec quoi le professeur écrit-il au tableau ?

5. Mettez : *mesurer, peser, acheter, coûter, manger,
boire, habiter :*

Votre chambre m ... 16 m². C'est une belle
pièce, mais vous ne l'h ... pas longtemps. Elle
vous c ... trop cher.

Ne b ... pas trop de vin ou de bière. Et ne m ...
pas trop de pain. Ou bien, vous p ... 100 kg
dans un an.

J'ai a ... 1 litre de vin. Cela c ... plus cher qu'un
litre de bière. Mais je le b ... avec de l'eau :
comme cela, il me fera 2 jours.

6. Mettez : *tu, il,* etc. Demain, je... ; hier, je..., etc.
Je me pèse avec la balance du boulanger.
J'achète une bouteille d'eau minérale.
J'emmène Simone en voiture.
Je ne me lève pas à 7 heures du matin.
J'appelle une dactylo.
Je mange du pain et du fromage.
Je bois un bon verre de vin.
Je vends une vieille maison.
Je ne conduis pas ma femme à son bureau.

7. Mettez : *toi, lui, moi, nous, vous, elle, eux, elles, la, le, les, se.*

Cette auto est trop chère pour m ... Achetez-l ... pour v ...

Marie, j'ai soif. Donnez-m ... à boire, s'il vous plaît.

Lève ce sac avec l ... Il n'est pas aussi fort que t ...

Pierre mesure 1,65 m et toi 1,72 m. Tu es plus grand que l ...

Hélène a acheté 1 litre de lait. Mais c'est trop pour e ... Elle dit à Jeanne et à Louise : « Venez donc l ... boire avec m ... »

Ils ont acheté une balance. Avec e ..., ils pourront s ... peser chaque jour.

Je sors toujours avec des camarades. Sans e ..., je n'aime pas aller au cinéma.

Le médecin est allé visiter ses malades. Il ... a bien soignés.

— Avez-vous une chambre dans votre hôtel ?
— Oui.
— Gardez- ... moi.

J'ai perdu mon sac hier. Ne ... avez-vous pas trouvé ?

8. Répondez :

Qu'est-ce qui va *plus vite* qu'une auto ? Qu'est-ce qui va *moins vite* qu'un cheval ?

Quels mois sont *plus courts* que le mois de janvier ? Les jours sont-ils *plus longs* en juillet qu'en octobre ?

Est-ce que la course à pied est *plus fatigante* que le tennis ?

Combien de kilomètres carrés a votre pays ? Quels pays sont *plus grands* ? Quels pays sont *plus petits* ?

L'Amérique a-t-elle plus *de pétrole* que l'U.R.S.S. ? Quel est le *meilleur* exercice pour la santé ?

Votre cou est-il *aussi gros* que votre bras ? Aimez-vous *mieux* le poisson que la viande ? Quelles ont été les plus belles heures de votre vie ?

9. Mettez : le **passé composé** (*hier, j'ai ...*).

Je passe la journée à courir sur la route.
Vous écrasez un chien avec votre auto !
Je me repose après mon travail.
Tu laves ton plancher.

Je dors douze heures.
Je fais du 120 à l'heure.
Vous chauffez votre chambre avec un sac de charbon.
Nous couchons à Grenoble.
Je vais me promener au port.
J'ai besoin d'argent.

10. Mettez : le n° 9 au **futur.**

11. Mettez : *vous.*

Je bois un bon vin blanc.
Il charge son camion.
Tu vois la montagne de ta fenêtre.
Je lui donne de l'eau minérale.
Je change de métier.
Il prend de l'alcool dans son café !
Ils déchargent le bateau.
Elle mange beaucoup de pain.
Il peut se reposer, maintenant.

12. Mettez : *laid, gai, propre, cher, lent, bas, léger.*

Cette pièce n'est pas haute. Elle est ...
Cette maison n'est pas bon marché. Elle est ...
Cette feuille de papier n'est pas lourde. Elle est ...
Ces paysans ne marchent pas vite. Ils sont ...
Ces photos ne sont pas jolies. Elles sont ...
Nous passons une triste journée. Nous ne sommes pas ...
Tu as lavé ces assiettes. Elles sont ...

13. Mettez : *en, y.*

J'aime le vin ; j' ... bois souvent.
Je suis allée à Paris pour ... passer une semaine.
Dans un grand port, on voit des bateaux ; il y ... a beaucoup.
Ma femme va à l'épicerie. Elle va ... acheter du lait et du fromage.
Cet été, j'irai au bord de la mer et j' ... louerai une petite maison.
Vous gagnez beaucoup d'argent, mais vous ... dépensez encore plus.
Connaissez-vous cette usine ? Oui, j' ... sors.
Où est la rue Pasteur, s.v.p. ? — Venez avec moi : j' ... vais.

94

2ᵉ cycle

— Comment allez-vous à votre travail?

— J'y vais à pied, j'aime marcher. Nous *finissons* de travailler à 5 heures. Et quand il fait beau, je rentre à pied.

— Moi, j'y vais en **voiture** (= en auto). Il me faut une voiture car j'habite trop loin.

— Combien de temps faut-il en voiture?

— Il me faut un quart d'heure seulement.

— Et à pied?

— Oh! 2 heures au moins. Mais hier, ma voiture est restée en panne.

— Une panne de quoi?

— Une panne d'**essence** (f.). C'est **bête**, hein?

— Ah! vous avez oublié de **remplir** le **réservoir**. Vous ne le *remplissez* pas toujours avant de rouler?

— Mais si, je fais toujours le **plein**. Seulement hier, j'ai oublié... Et quand le réservoir est **vide**...

— ... on ne peut plus rouler, la voiture **s'arrête!** Mais il n'y a pas de **pompes** à essence sur la route?

— Si. Mais j'ai oublié aussi la clé de la **malle**. Et il faut ouvrir la malle pour remplir le réservoir...

— Eh bien, moi, je n'aurai **jamais** de panne d'essence.

— Pourquoi?

— Parce que je vais à mon travail à bicyclette (à vélo).

— Tout de même, la moto ou le **vélo-moteur** sont plus rapides! (ou : vont plus vite!)

FinIR :
Je finis mon travail,
tu finis,
il finit,
nous fini*s*sons,
vous fini*s*sez,
ils fini*s*sent.

Je finirai.
J'ai fini.

RemplIR :
Je remplis le verre,
tu remplis,
il remplit,
nous rempli*s*sons,
vous rempli*s*sez,
ils rempli*s*sent.

Je remplirai.
J'ai rempli.

Remplir = **vider.**

ChoisIR :
Je choisis ce vin,
tu choisis,
il choisit,
nous choisi*s*sons,
vous choisi*s*sez,
ils choisi*s*sent.

Je choisirai.
J'ai choisi.

Mais : SortIR :
Je sors,
tu sors,
il sort,
nous sor*t*ons,
vous sor*t*ez,
ils sor*t*ent.

Je sor*t*irai.
Je *suis* sorti.

DormIR :
Je dors,
tu dors,
il dort,
nous dor*m*ons,
vous dor*m*ez,
ils dor*m*ent.

Je dor*m*irai.
J'ai dormi.

VenIR :
Je viens,
tu viens,
il vient,
nous ve*n*ons,
vous ve*n*ez,
ils *viennent*.

Je vien*d*rai.
Je *suis* venu.

Un verre **plein**, une bouteille **pleine** [Pron. : plèn']

— Comment s'appelle cette **tour?**
— La tour de Pise.
— Ce n'est pas le nom de mon architecte et pourtant
on **dirait** le **même** travail.

(D'après *Ouest-France*.)

L'auto et les **économies** (*f.*)

— Vous habitez loin de votre travail ?
— A cinq kilomètres environ.
— Et comment y allez-vous ?
— A pied.
— A pied ! Pourquoi pas à bicyclette ou à vélomoteur ?
— Oh ! je ne suis pas très **adroit** à bicyclette. J'ai peur
de **tomber**. Je *suis* déjà **tombé** plusieurs fois !
— Allez-y en auto, alors.
— Je n'en ai pas.
— Et pourquoi ?
— C'est trop cher.
— Achetez-en une que vous paierez mois par mois.
— Oh ! ces choses-là finissent mal. On commence par
acheter une auto et on finit par ne plus avoir un sou.
— Au contraire : vous ferez des économies.
— Des économies ?
— De chaussures, d'abord : les marches à pied les
salissent et les **usent.**
— Oui, mais je dépenserai de l'essence.
— Vous pourrez rentrer déjeuner chez vous à midi.
Vous **économiserez** le prix du restaurant.
— J'emporte un repas froid à l'usine.
— Ce n'est pas bon pour la santé... Et puis vous gagnerez
du temps.
— A quoi cela me servira-t-il ?
— A regarder la télévision.
— Je ne l'ai pas.
— Vous l'achèterez.
— Alors, et les économies ?...

97

LEÇON 29

— Je n'ai pas d'auto et je prends l'**autobus** (m.) pour aller à mon travail. Je descends* juste devant mon bureau.

— Moi, quand je suis pressé, je prends un **taxi.**

— Oh ! les taxis ne sont pas toujours **libres,** ils sont chers, et puis il faut donner un **pourboire.** Je n'en prends pas **souvent.**

— L'autobus est meilleur marché, c'est **certain.** Avec 2 **tickets** (m.), je vais à mon bureau.

— J'ai un **arrêt** du 47 devant ma maison. Mais, quand l'autobus passe, il est souvent plein et ne s'arrête pas. Alors, je prends le 42, un peu plus loin.

— Moi, je n'ai pas d'arrêt devant ma maison. Je monte en marche.

— C'est **dangereux.** Il est **défendu*** de monter et de descendre en marche.

— Oh ! il y a moins de **danger** (m.) avec l'autobus qu'avec le **tram** (ou : le tramway). Et toi, André, tu ne dis rien. Prends-tu aussi l'autobus ?

— Non : je pars* très **tôt** de chez moi. Je pars à 5 heures et demie. L'autobus ne marche pas encore à cette heure-là. Il part plus **tard.** Je vais à pied et j'arrive à l'usine à 7 heures.

Je pars, tu pars, il part, nous partons, vous partez, ils partent.

Je partirai. — Je *suis* **parti.**

Je descends, tu descends, il descend, nous descendons, vous descendez, ils descendent.

Je descendrai. — Je *suis* **descendu en marche.**

(Mais : **J'***ai* **descendu l'ESCALIER.)**

Un escalier **dangereux,** une route **dangereuse.**

En taxi.

— Chauffeur vous êtes libre ?

— Oui, monsieur.

— Conduisez-moi **boulevard** (m.) de la République. Je suis pressé !

— Quel numéro ?

— 91. C'est un peu après la rue du Marché.

— Je vois.

— Ce sera long ?

— Ça ira sûrement plus vite que par l'autobus, ou même que par le **métro.**

— N'allez pas trop vite quand même.

— Dans Paris, je fais du cent, pas plus.

— Oh ! du cent... c'est déjà trop... Et vous n'avez pas d'accidents ?

— Pas plus **de** deux par semaine. Il y a huit jours, je suis entré avec mon taxi dans la **boutique** d'un **pharmacien.**

— Et alors ?

— Mon client était sur **place** (f.) pour se faire soigner.

— Vous avez le mot pour rire.

— Mais j'ai moins ri avant-hier; j'ai manqué *de* tomber dans la Seine.

— Chauffeur, arrêtez, je descends ici.

— Il n'y a plus de danger, monsieur : nous avons déjà traversé la Seine.

— Oui, mais, là-bas, je vois une pharmacie...

Pierrot rentre de l'école : Papa tu seras content de moi : j'ai économisé 50 centimes. Au lieu de prendre l'autobus, j'ai couru derrière.

— Tu es bête ! La prochaine fois, cours derrière un taxi, et tu économiseras 3 francs !

(D'après DANINOS, *Le tour du monde du rire*, Hachette.)

Les *marchands* et les *provisions*.

Le **boulanger** *vend* du pain. Les boulangers *vendent* du pain.

Le **boucher** *vend* de la viande. Les bouchers *vendent* de la viande.
Ils *vendent* du **bœuf**,
du **veau**,
du mouton.

Le **charcutier** *vend* du **porc** (du **jambon**, du **pâté**).

Les **épiciers** *vendent* du **sel** et du **poivre**,
du **sucre**,
des **pâtes** (f.),
du **chocolat**.

Le **crémier** *vend* du lait, du **beurre**, du **fromage**.

Le marchand de **légumes** (m.) *vend*
des **pommes de terre** (f.),
des **tomates** (f.),
des **carottes** (f.),
de la **salade**.

Je vends, tu vends, il vend, nous vendons, vous vendez, ils vendent.
Je vendrai. — J'ai vendu.

———

Verbes en **-e**

J'achète, tu achètes, il achète, nous achetons, vous achetez, ils achètent.
J'achèterai. — J'ai acheté (v. p. 85).

Chez le boucher.

— Alors, madame Martel, qu'est-ce que ce sera pour vous aujourd'hui ?

— Je voudrais du bœuf.

— Attention : il est cher cette semaine.

— Et le mouton ?

— Aussi.

— Alors ?

— Vous ne voulez pas de veau pour mettre à la **casserole ?**

— Le médecin a dit à mon mari : pas de viande à la casserole, c'est lourd !

— Oh ! les médecins...

— Ils savent leur métier tout de même. Moi je ne mange plus de pâté ni de jambon ; il paraît que ce n'est pas bon pour la santé.

— Qu'est-ce que vous mangez alors ?

— Des carottes, des tomates, de la salade...

— Rien que des légumes ? Mais il n'y a que de l'eau là-dedans ! Il faut autre chose à un homme qui travaille dur. On dit qu' « il vaut mieux aller chez le boucher que chez le médecin ».

— Oui... Tenez : mettez-moi donc une livre de veau et un kilo de bœuf bien rouge !

* *

Le petit Sacha Guitry va un jour chez l'épicier :

— Je voudrais 11 kilos 250 de café à 3 francs 50 la livre.

— Bien... Voilà... Et puis ?

— 7 kilos de sel à 65 centimes.

— Bien... Et puis ?

— 4 kilos et demi de sucre à 1 franc 10 et enfin 28 litres d'huile à 2 francs 10 centimes.

— 28 litres d'huile ?... Ça fera en tout 147 francs 05. Ta maman t'a donné de l'argent pour tout ça ?

— Maman ne m'a rien donné. C'est le professeur qui m'a donné un exercice trop **difficile.**

(D'après Sacha GUITRY.)

* *

— Tony, dit l'épicier à John ; vous êtes un bon client : voilà pour vous : une bouteille de bon whisky... Attendez ! vous passerez devant la porte de Jim ? C'est aussi un bon client : vous lui donnerez aussi sa bouteille.

... John, devant la porte de Jim, tombe et **casse** une des deux bouteilles : « Pauvre Jim ! » dit-il.

(D'après Léon TREICH, *Histoires anglaises*, Gallimard.)

LEÇON 31

— Louise, as-tu fait ton marché? Qu'est-ce que tu **apportes**?

— Voilà *ce que* j'ai acheté : du pain, 2 litres de vin et 2 bouteilles d'eau minérale. J'ai eu de la **peine** à porter tout *ce qui* est dans mon sac. C'est lourd, tu sais.

— Oui, ça fait au moins 5 kilos.

— Mais j'ai acheté encore autre chose : une salade, une demi-livre de fromage et deux poissons bien **frais**.

— As-tu **pensé** au **thé** et au café? Il n'en reste plus beaucoup.

— Oui, j'y ai pensé.

— Et à l'**huile** (f.), au **vinaigre** pour la salade?

— Aussi.

— Les **œufs** (m.) sont toujours chers?

— Non : ils ont baissé. En ce moment, on les *paie* (ou les *paye*) 20 centimes pièce. J'en ai pris une **douzaine** que je vais mettre dans le réfrigérateur. Mais les légumes ont monté (ont augmenté).

Je n'ai pas acheté de carottes. Elles sont trop chères.

— Combien as-tu dépensé?

— J'ai payé tout ça 22 francs 50.

Prends *ce qui* est sur la table.
Prends *ce que* je te donne.

Prends *tout ce qui* est sur la table.
Prends *tout ce que* je te donne.

La viande est *fraîche*.
Le poisson est *frais*.

Verbes en **-e**

Je paie, tu paies, il paie, nous payons, vous payez, ils paient.
(Ou : **je paye, tu payes, il paye, nous payons, vous payez, ils payent**.)
Je paierai. — J'ai payé (ou : **je payerai**).

Je balaie avec un balai (comme : **je paie**).

Chez l'épicier.

Mme MÉNARD. — Ah ! il y en a du monde chez vous ! Je n'ai pas le temps d'attendre. Je reviendrai.

L'ÉPICIER. — Mais non, entrez donc, madame Ménard : je suis à vous dans une minute.

Mme MÉNARD. — C'est cela : je vais prendre mon pain chez le boulanger, et je reviens.

Mme LEROUGE. — Qu'elle est pressée, celle-là !

L'ÉPICIER. — Elle a cinq enfants, vous savez.

Mme LEROUGE. — Et c'est pour ça qu'il faut la servir avant les autres ?

L'ÉPICIER. — Alors, madame Lerouge ?...

... Vous venez de m'acheter du vin, de l'eau minérale, de l'huile, du vinaigre, du sucre. Voyez-vous autre chose ?

Mme LEROUGE. — Une livre de sel.

L'ÉPICIER — C'est tout ?

Mme LEROUGE — Et une demi-douzaine d'œufs.

L'ÉPICIER — Vous, vous allez faire un gâteau...

Mme LEROUGE — Vous comprenez tout. Vous êtes le plus **intelligent** des épiciers !

George Ier, **roi** (m.) d'Angleterre, voyage en Hollande. Dans un **village,** il demande trois œufs frais.

— Ça fait 200 florins, dit le paysan.

— Ah ! c'est cher ! Les œufs sont donc rares ici ?

— Pas les œufs, mais les rois.

D'après BERTIN *(Encyclopédie comique.)*

Sur 20 **personnes** qui parlent de nous, 19 en disent du mal et la 20e qui en dit du bien, le dit mal.

(RIVAROL, XVIIIe siècle).

Ne remettez pas à demain ce que vous pouvez faire aujourd'hui.

. . . .

« Ne remettez pas à demain ce que vous pouvez faire après-demain ! » a dit Alphonse Allais.

— Le matin je déjeune chez moi (je prends mon petit déjeuner chez moi). Je bois une **tasse** de café au lait, et je mange un **morceau** de pain avec du beurre. A midi, je déjeune au restaurant.

Le soir, je fais* ma cuisine chez moi (je **fais cuire** mon repas).

— Tout seul?

— Non, avec André. Nous faisons tous deux notre cuisine.

— Mais il faut faire le marché, acheter des provisions...

— Ce que nous faisons est plus **simple** et plus **facile**. Nous **commençons** le dîner par un **potage express** (= que j'achète tout **préparé**).

Nous le faisons cuire en 2 minutes dans l'eau **chaude**. Nous mangeons un peu de jambon et une salade de tomates. Nous finissons le dîner par un morceau de fromage et des **confitures** (f.). Vous voyez, c'est simple !

— Mais il faut laver la **vaisselle** !

— Nous faisons ça à l'eau froide ! Deux **couteaux** (m.), deux **cuillers** (f.), deux **fourchettes** (f.), 3 ou 4 assiettes, un **plat**, une casserole : c'est vite fait.

— Oui, mais est-ce bien fait?

Verbes en **-e**

Je commence, tu commences, il commence, nous commen ç ons, vous commencez, ils commencent.
   Je commencerai. — J'ai commencé.

Je mange ..., nous mang e ons... (v. p. 88).
   Je mangerai. — J'ai mangé.

L'omelette (f.) *au jambon.*

— Alors, monsieur Duparc, vous faites le marché aujourd'hui ?

— Que voulez-vous ? ma femme est chez des amis.

— Et vous pas ?

— Moi je travaille ! L'un gagne de l'argent et l'autre en dépense...

— Qu'est-ce que vous allez m'acheter ?

— D'abord, deux potages express.

— Et puis ?

— Je voudrais me faire une omelette au jambon. Ma femme n'aime pas ça... elle ne veut jamais en manger !

— Vous savez faire une omelette ?

— Ce n'est pas difficile. Je commence par casser trois œufs dans une assiette. Je les **bats*** avec une fourchette. J'ajoute du poivre, du sel. Je mets à cuire mon jambon, en petits morceaux. Ensuite je mets un plat sur le feu, avec un peu de beurre. J'y mets les œufs, le jambon, un peu de lait et je fais cuire doucement.

— Où avez-vous appris tout ça ?

— Dans le gros livre de cuisine que, le mois dernier, j'ai acheté à ma femme pour sa **fête**.

— Très bien ! Mais vous avez pensé à vous aussi...

*
* *

— Alors, vous avez trouvé une bonne place, dans cette maison de charbons. Parce que vous connaissez le directeur ?

— Un peu parce que je le connais, beaucoup parce qu'il ne me connaît pas !

(D'après Léon TREICH, *Histoires anglaises*, Gallimard.)

LUI. — A quoi penses-tu ?

ELLE. — Je ne pense jamais : ça me fatigue. Et quand je pense, je ne pense à rien.

(D'après COURTELINE.)

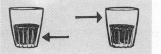

C'est triste, de penser qu'un verre **à moitié** plein est un verre à moitié vide...

(Alphonse ALLAIS.)

1. Conversation, lisez et écrivez :

— Est-ce que vous avez lu le journal de ce matin ?
— Non, pas encore. Et vous ?
— Oui, je viens de le lire.
— Qu'est-ce qu'il raconte ?
— La vie va encore augmenter : le bœuf, le jambon, le beurre et le pain vont être encore plus chers la semaine prochaine.
— Et rien ne va baisser ?
— Si, le sel et le poivre.
— Pfff! Et les œufs ?
— Les prix ne changent pas.
— On mangera moins de viande, et plus souvent des œufs : au plat ou en omelette.
— Et plus de sel ou de poivre !
— Le boucher ne va pas être content. Lui qui vient de faire repeindre son magasin...
— Il aura moins de monde. Mais il vendra plus cher. Il gagnera autant, allez !
— Oh! Je n'ai pas peur pour lui. Il sera encore plus riche que nous à la fin de l'année...

2. Mettez : *un marchand, une marchande.*

Un épicier, une ...
Un ouvrier, une ...
Un boucher, une ...
Un étudiant, une ...
Un boulanger, une ...
Un homme, une ...
Un charcutier, une ...
Un monsieur, une ...
Un concierge, une ...
Un client, une ...
Un garçon, une ...
Un employé, une ...

3. Répondez :

Y a-t-il beaucoup de circulation dans la ville que vous habitez ?
Prenez-vous souvent l'autobus ?
Combien de tickets donnez-vous pour aller à votre travail ?
Quand appelez-vous un taxi ? Qu'est-ce qu'il faut donner au chauffeur ?
Roulez-vous vite, en auto ? A combien (de km) à l'heure ?
Pourquoi ne faut-il pas rouler trop vite ?

Où faites-vous le plein d'essence ? Où est le réservoir dans votre voiture ? Combien coûte l'essence dans votre pays ?
Aimez-vous la marche ? Préférez-vous le vélomoteur ? Savez-vous monter à vélo ?
Que mettez-vous dans votre malle ?

4. Écrivez :

L'autobus s'arrête devant chez moi.
L'autobus s'arrête devant chez t ..., etc.

5. Écrivez :

Je ne descends pas du tramway en marche.
Tu ne descends pas du tramway en marche, etc.
Demain, je ...
Hier, je ...

6. Écrivez :

Je vais au magasin et je choisis une robe pour ma mère.
Tu ..., Il ..., etc.
Demain, je ...
Hier, je ...

7. Mettez les verbes au passé composé :

Hier, je (sortir) tard de mon bureau. Je (vouloir) prendre l'autobus. Mais il était complet et (ne pas s'arrêter).
Je (chercher) un taxi, mais je (ne pas pouvoir) en trouver un. Il était 8 heures, et tous les chauffeurs étaient au restaurant.
Alors, je (partir) à pied. Mais j'habite à 8 km de mon travail. Je (arriver) à 9 h 1/2 chez moi. Ma femme me (faire) la tête. Elle avait envie d'aller au cinéma, et nous (ne pas pouvoir) : il était trop tard.

8. Répondez :

Qui est-ce qui vend du pain ? De la viande de bœuf ? Du jambon ?
Chez qui achetez-vous du chocolat ? De la salade ?
Qu'est-ce que vous aimez le mieux ? le bœuf ou le veau ? Le mouton ou le porc ? Le jambon ou le pâté ?
Avec quoi faites-vous une omelette ? un gâteau ? des confitures ?
Avec quoi mangez-vous votre potage ? Votre viande ?

106

Dans quoi faites-vous cuire les pâtes ?

Quel est le prix d'un kilo de bœuf ? D'une livre de sucre ? d'une 1/2 livre de café ? de 100 grammes de thé ?

Que buvez-vous à vos repas ? Que boivent les animaux ? Quand prenez-vous votre café ?

Par quoi commencez-vous votre dîner ?

Aimez-vous manger au restaurant ? Pourquoi ?

Faites-vous des économies ? A quoi peuvent-elles vous servir ?

Quand allez-vous chez le pharmacien ?

Avec quoi fait-on le beurre ? le fromage ?

Mettez-vous de l'huile et du vinaigre dans votre salade ?

Quel est le jour de votre fête ?

Quels légumes préférez-vous ?

Que pouvez-vous acheter chez l'épicier ?

9. Mettez les mots qu'il faut :

Je voudrais une d ... d'œufs. C'est quel pr ... ?
— 3 F. — Ils sont ch ... Je n'en prendrai qu'une d ...-d ...

Avez-vous du beurre ? — Oui, il est au ré ...
— Donnez-m'en une demi-l ...

Mettez-moi aussi un l ... de lait. Et ajoutez-moi 1 kg ... de sucre, un m ... de fromage et 3 b ... d'eau minérale.

10. Mettez : *nous, vous, ils.*

J'achèterai une auto que je paierai mois par mois.

Je pourrai rentrer déjeuner chez moi chaque jour.

Je suis entré avec mes enfants dans un magasin.

Je serai sur place pour me faire soigner.

J'ai manqué de tomber dans la Seine.

En hiver, je salis beaucoup mes chaussures.

Je ris souvent au cinéma.

11. Mettez au futur :

J'achète une livre de bœuf.

J'emmène mon Directeur au bord de la mer.

Je mets du veau à la casserole.

Je bois un verre de vin.

Je reviens chez le boucher.

Je vais chez le boulanger.

Je fais une omelette.

Je sors de mon bureau à midi et à 6 heures.

Je commence mon repas par une salade de tomates.

Je pars de chez moi en avance.

Je remplis ma tasse de café.

Je reviens du cinéma en taxi.

Je conduis ma femme chez le médecin.

Je finis mon exercice de grammaire.

Je dis bonjour à la concierge.

Je ne monte pas dans l'autobus en marche.

Avant de partir, j'ouvre mes fenêtres et je balaie ma chambre.

Je ne mange pas de viande.

12. Mettez : *plein, bête, pressé, dangereux, prochain, difficile, frais, intelligent.*

J'ai chaud, donnez-moi de l'eau ...

La bouteille d'huile est à moitié ...

L'année ..., j'achèterai la télévision.

Il y a trop d'autos sur cette route : elle est ...

Ils ont faim : ils sont ... de manger.

Il est souvent ... de réparer une voiture en panne.

Une épicière ... sert ses clients vite et bien.

Un élève qui ne comprend rien est ...

13. *à (au), chez, dans, de, en, par, sur.*

... quoi pensez-vous ?

Ma femme a mis les pâtes ... cuire ... une casse-role.

... le crémier, j'achète une douzaine ... œufs.

Le pharmacien n'est pas pressé ... me servir.

Cette voiture a eu un accident, elle est ... mille morceaux.

Nous n'avons pas eu le temps ... nous arrêter.

L'autobus est tombé ... panne ; il me faut rentrer ... moi ... pied.

Etes-vous content ... votre vélo ?

Cet ouvrier gagne 25 F ... jour.

Ne remettez pas ... lendemain ce que vous pouvez faire aujourd'hui.

Ne remets pas ... demain ce que tu peux faire après-demain.

J'aime beaucoup les œufs : je les mange ... le plat ou ... omelette.

14. Mettez : *Ce qui, ce que...*

Je ne sais pas ... vous pensez.

Il faut acheter ... est bon marché.

Avez-vous fait ... je vous ai dit ?

N'oubliez pas ... est arrivé à votre mari.

Un pharmacien ne doit pas oublier ... est dangereux.

Nous vous apporterons tout ... nous pourrons.

Payez-lui ... vous voudrez.

... est trop facile ne sert souvent à rien.

Tout ... sort de chez cet épicier est bon à manger.

107

LE GARÇON. — Combien de places, monsieur?

MONSIEUR. — Deux; une pour Madame et une pour moi.

LE GARÇON. — Alors, là-bas, près de la **cheminée** : voulez-vous?

MONSIEUR. — Oui, donnez-moi le **menu**, s'il vous plaît.

LE GARÇON. — Un moment, monsieur. Je *vous le* donne.

MONSIEUR. — Pour commencer, je voudrais deux salades de tomates. Puis vous me donnerez un **steck-frites** (un **bifteck** aux pommes de terre frites).

MADAME. — Pour moi, ce sera un quart **poulet rôti**.

LE GARÇON. — Il n'y en a plus.

MADAME. — Alors donnez-moi du poisson : une **truite**.

LE GARÇON. — Et comme légumes? Carottes nouvelles? **Haricots verts ?**

MADAME. — Haricots de **conserve**, alors?

LE GARÇON. — Oui, madame. Ce n'est pas la saison des haricots frais. Mais nos haricots sont **délicieux**, vous verrez. Et comme boisson?

MONSIEUR. — De l'eau minérale pour nous deux.

LE GARÇON. — Bien. Je vous sers* tout de suite.

. . . .

MONSIEUR. — Garçon ! Pensez au pain !

LE GARÇON. — Je *vous l'*apporte.

(suite et fin leçon 34)

Je sers, tu sers, il sert, nous servons, vous servez, ils servent.
Je servirai. — J'ai servi.

> Tu *me le* donnes (= à moi)
> Je *vous le* donne (= à vous)
> Il *nous le* donne (= à nous).

Conversation

TRENTE-TROISIÈME LEÇON

Au restaurant.

— Garçon, est-ce que c'est du thé ou du café, ce que vous venez de me servir ?
— Quel **goût** ça a-t-il, Monsieur ?
— Quel goût ? Eh bien, on dirait du pétrole.
— Ah ! bon, alors, c'est du thé.

(D'après *Ouest-France.*)

Le chien, au vieux **porc** :

— Pourquoi **pleures**-tu quand tu vois une **poule ?**
— Parce que ça me fait penser aux œufs au **jambon.**

Conférence *(f.) sur les dangers de l'alcool :*

A un moment, le **conférencier** demande un verre de lait.
Le directeur de la salle y met un peu de whisky.
Alors le conférencier : « Oh ! délicieux ! Quelles **vaches !** »

(D'après Mark TWAIN.)

109

MONSIEUR. — Qu'est-ce que vous avez comme fromages?

LE GARÇON. — Je vous les apporte dans un moment. Nous avons du **camembert**, du **gruyère**, du fromage de **chèvre** (f.). Vous choisirez.

. . . .

MONSIEUR. — Garçon ! l'**addition** (f.), s'il vous plaît.

LE GARÇON. — Voilà, monsieur. Nous disons : 1 steck-frites, 1 truite, 2 haricots verts, 2 fromages, 2 eaux minérales. Ça fait en tout 17 F 20.

MONSIEUR. — **Service compris ?**

LE GARÇON. — Non, monsieur.

MONSIEUR. — Voilà 20 F.

LE GARÇON. — Nous disons 17 F 20... Voilà 2 F et 80 centimes.

MONSIEUR. — Gardez la **monnaie.**

LE GARÇON. — Merci, monsieur.

. . . .

MADAME. — Combien as-tu payé?

MONSIEUR. — J'ai payé 17 F 20, plus (= *prononcez* plu**ss**) le pourboire.

MADAME. — C'est un bon petit restaurant.

MONSIEUR. — Oui : j'y ai souvent déjeuné avant notre mariage. **J'ai** bien **reconnu*** le garçon. Il n'a pas changé, **malgré** ses lunettes. Le pourboire, je *le lui* ai donné avec plaisir.

Tu *me* le donnes (= à moi).
Je *vous* le donne (= à vous).
Il *nous* le donne (= à nous).
Je le *lui* donne (= à lui, à elle).
Je le *leur* donne (= à eux, à elles).

(Voir page 109.)

Le garçon a **réponse** *(f.) à tout.*

LE GARÇON. — Alors, Monsieur, vous avez bien dîné ?
LE CLIENT. — Pas du tout.
— Qu'est-ce qui n'a pas marché ?
— Le potage, d'abord : vous me l'avez servi froid.
— Comme ça vous ne vous êtes pas **brûlé.**
— Ensuite, vous m'avez donné des tomates trop cuites.
— Elles sont plus faciles à **digérer.**
— Et votre bifteck : dur comme du bois !
— Nous avons pourtant des couteaux qui coupent bien.
— Et votre truite, vous appelez ça du poisson frais ?
— Pourtant, elle a été 15 jours au **réfrigérateur.**
— Et le fromage ! lui, il marchait tout seul.
— Il vient de Normandie, Monsieur : c'est loin.
— Et puis, qu'est-ce que c'est que cette cuisine sans goût ?
Le médecin lui a défendu* le sel, à votre **cuisinier** (m.) ?
— Au cuisinier, peut-être. Au patron, sûrement pas.
Demandez-lui l'addition : vous verrez qu'elle est **salée,**
elle !

Robert dîne avec un ami au restaurant. Un monsieur et une dame dînent non loin d'eux.
« Sont-ils déjà mariés ? » *lui demande son ami.*
Après le café, le monsieur demande l'addition.
— Sûrement, ils sont mariés, dit *Robert* : il refait l'addition.

(D'après Léon TREICH, *L'Esprit français*, Gallimard.)

LE CLIENT. — Bonjour, monsieur. Avez-vous une chambre?

L'HÔTELIER. — Non, monsieur. Tout est **complet.** Mais voyez à côté, hôtel (m.) du Nord.

(A l'hôtel du Nord) :

— Avez-vous une chambre libre?

— Nous en avons deux : une au 1ᵉʳ étage, à 15 francs; l'autre au 3ᵉ à 9 francs. Voulez-vous les voir?

— Oui. Vous avez le **chauffage (central)** ?

— Bien sûr, monsieur. Pierre, montrez le 15 et le 34 à Monsieur.

— Alors, monsieur, *quelle* chambre choisissez-vous?

— Je prends le 15, avec **salle** (f.) **de bains** (m.).

— Voulez-vous remplir votre **fiche** (f.), s'il vous plaît?

— Voilà. Faites monter mes **bagages** (m.), je vous prie. J'ai ces deux **valises** (f.) et ce sac.

— Entendu. Pierre, montez les bagages de monsieur au 15.

— Garçon, pouvez-vous me donner une **couverture** de plus?

— Mais oui, monsieur. Je vous l'apporte à l'instant.

— Je voudrais aussi un **oreiller.**

— Les oreillers sont dans l'armoire (f.)... Voilà : *quel* oreiller choisissez-vous ? *Celui-ci* est plus dur. *Celui-là* est plus **mou.**

— Donnez-moi *celui-là.* Vous changerez aussi ce drap qui a un **trou.**

— Bien, monsieur. Est-ce que monsieur prendra le petit déjeuner dans sa chambre?

— Non. Je descendrai au restaurant.

— Bien. Bonne nuit, monsieur.

Quel restaurant ? Quel*le* chambre ? Quel*s* restaurants ? Quel*les* chambres ? *(v. 33, 53.)*
Celui-ci, celui-là - *celle-ci, celle-là - ceux-ci, ceux-là - celles-ci, celles-là.*

Un sol *mou.*
Une terre *molle.*

Conversation

TRENTE-CINQUIÈME LEÇON

— Écoute, Olive, dimanche je t'invite chez moi. Tu connais l'**endroit** (m.) [= le lieu] où j'habite ?
C'est bien simple : tu prends le train de Cagnes jusqu'au bout. Tu descends, tu fais deux cents mètres tout droit, tu prends la première route à gauche. Tu vas jusqu'à une belle maison. Ce n'est pas là.. Alors tu **continues** jusqu'à la deuxième route à droite. Tu la prends. Au bout de cinq minutes tu trouves une porte en bois, peinte en vert. Tu la pousses avec le pied et tu entres.
— Je la pousse ? Pourquoi ?
— Parce que tu auras les mains pleines de **paquets** (m.), tiens !

(D'après E. RAMON, *Les véritables histoires marseillaises,*
Éditions de Paris.)

Olive est assis sur un banc, devant le port. Quelqu'un passe et lui dit :
— Mon pauvre homme, vous avez l'air bien fatigué !
— Ah ! ne m'en parlez pas, Monsieur ! c'est ce travail...
— Quel travail ?
— Vous voyez ces hommes qui déchargent les bateaux ? Monter cette échelle, descendre dans le bateau, remonter avec les paquets, les porter dans les camions, tout ça, de 6 heures du matin à 6 heures du soir ! Ah ne m'en parlez pas !
— Et il y a longtemps que vous faites ce travail ?
— Non, mais je commence demain.

(D'après E. RAMON, *Les véritables histoires marseillaises,*
Éditions de Paris.)

113

— Monsieur le Directeur, je voudrais changer de chambre.

— *Laquelle* avez-vous ?

— La chambre 16.

— C'est la meilleure de tout l'hôtel ! De votre fenêtre vous voyez toute la **ville**, vous **apercevez*** même les montagnes, au loin.

— Peut-être, mais, tout **près**, les **voisins** font trop de bruit. Ils prennent leur bain dès 5 heures du matin. Et le bruit de l'eau me réveille.

— Dans une autre chambre, vous aurez peut-être des voisins aussi **gênants**, ou encore plus gênants.

— Mais *les miens* **reçoivent*** des amis tous les soirs jusqu'à minuit.

— Quand dorment-ils donc ?

— Je ne sais pas. Mais je sais qu'ils m'**empêchent** de dormir... Et puis, le chauffage marche mal. J'ai froid, malgré trois couvertures. Enfin les **lampes** (f.) n'**éclairent** pas bien.

— Pierre, M. Durand voudrait aussi changer de chambre, n'est-ce pas ?

— Oui, monsieur le Directeur. Il trouve *la sienne* trop petite. Il aimera mieux le 16.

— Bien je vais la lui donner. Et vous, monsieur, je vais vous mettre au 28. C'est la plus petite chambre de l'hôtel. Mais vous aurez plus chaud et les lampes sont bonnes.

— Et les voisins ?

— Ah ! ça, je n'y peux rien, cher monsieur. A l'hôtel, vous n'êtes pas chez vous. Cherchez un **appartement**, ou même une maison pour vous tout seul.

| Lequel ? - Laquelle ?
Lesquels ? - Lesquelles ? | le mien, le tien, le sien,
la mienne, la tienne, la sienne,
le (la) nôtre, le (la) vôtre, le (la) leur. |

Je reçois, tu reçois, il reçoit, nous recevons : vous recevez, ils reçoivent.
    Je recevrai. — J'ai reçu.

J'aperçois, tu aperçois, il aperçoit, nous apercevons, vous apercevez, ils aperçoivent.
    J'apercevrai. — J'ai aperçu.

Conversation

TRENTE–SIXIÈME LEÇON

A travers *les murs.*

(La scène se passe à l'hôtel, entre deux clients de chambres voisines.)

— Voulez-vous arrêter la radio ?
— Laquelle ?
— La vôtre, parbleu !
— Pourquoi ?
— Elle m'empêche de dormir.
— Vous n'aimez pas la **musique?**
— Si, mais jamais après 10 heures du soir.
— Vous avez tort : à cette heure-là, on peut écouter les plus beaux morceaux.

— Oh ! la meilleure musique ne **vaut*** pas une heure de sommeil.
— C'est votre avis, ce n'est pas le mien : moi, avec la musique, je me repose.
— Arrêtez votre radio, ou je vais appeler le directeur.
— Oh ! lui, en ce moment, il regarde la télévision.
— Vraiment ?
— Oui, et, vous savez, il se met vite en **colère** (f.). Et alors, ça va mal... Je lui téléphone **de votre part?**
— Non, ce soir encore, je vais me **boucher** les oreilles avec du **coton**.
— Vous avez raison : c'est ce que vous avez de mieux à faire.

**

Un **journaliste** parisien **prend part** à un dîner avec quatorze autres personnes. Après le potage, arrive le rôti : un poulet, un petit poulet, qui lève les pattes au ciel. Alors le journaliste dit à un ami : « Ce petit poulet semble dire : *que de monde !* »

(D'après Tristan BERNARD, *Conférencia*.)

115

1. Lisez et écrivez :

Une nuit à l'hôtel.

Il y a des gens qui aiment bien descendre à l'hôtel. Ils voient des têtes nouvelles. Ils parlent à des personnes qu'ils ne connaissent pas. Ils mangent des plats autres que chez eux.

Moi, j'aime mieux vivre chez moi. A l'hôtel, beaucoup de gens font du bruit : ils laissent tomber leurs chaussures quand ils se déshabillent; ils font marcher la radio tard dans la nuit. Ensuite, on a souvent un peu froid : il n'y a pas assez de couvertures; ou bien elles ne sont pas assez chaudes. Parfois aussi, le chauffage ne marche pas pendant la nuit.

Enfin, dans la salle à manger, les garçons vous servent souvent mal. Ils vous apportent un bifteck quand vous avez commandé un poulet rôti, du gruyère à la place de camembert. Ils oublient de vous réveiller à l'heure. Et ils vous font la tête, si vous ne leur donnez pas un bon pourboire.

2. Mettez : *Un, une.*

... place; ... restaurant; ... bifteck; ... truite; ... conférence; ... pourboire; ... trou; ... ville; ... appartement; ... alcool.

3. Mettez : *Des.*

Travail; oiseau; journal; cheveu; bateau; vélo; œuf (et prononcez : [dézeu]); morceau; couteau; cheval; gâteau; photo; manteau.

4. Répondez :

Dans quelle pièce prenez-vous vos repas ?
Dans laquelle dormez-vous ? Dans laquelle faites-vous votre toilette ?
Dans quel meuble mettez-vous vos vêtements ?
A quoi servent les lampes ?
Quel est votre dessert préféré ? Aimez-vous le fromage ? Lequel préférez-vous ? Que buvez-vous quand vous êtes à table ?

5. Répondez :

Qui vous donne une place au restaurant ? Que faites-vous apporter d'abord ? Donnez-vous un pourboire après les repas ?
Dans quoi mettez-vous vos bagages ?
Qu'écrivez-vous sur votre fiche d'hôtel ?

Combien payez-vous une chambre d'hôtel dans votre pays ? Combien un repas au restaurant ?
Dormez-vous bien quand vous êtes à l'hôtel ?
Qui appelez-vous, si vos voisins font du bruit ?
Qu'écoutez-vous à la radio ?

6. Répondez :

Qu'est-ce qui est *le plus lourd* ? l'huile ou l'eau ?
Qui est *le plus heureux* ? le riche ou le pauvre ?
Quel est le jour *le plus long* de l'année ? Le mois *le plus court* ?
Quel est *le meilleur* légume ? *le meilleur* dessert ?
Quel est *le plus grand* des animaux ? *le plus gros* ?
Quel est le sport *le plus dangereux* ?

7. Ecrivez :

Une (bon) maison. Des boissons (frais). Une chambre (cher). Trois nuits (complets). La (premier) place. De la viande (dur). Une valise (gênant). Des tomates (mou). Une addition (salé). Des confitures (délicieux).

8. Complétez :

Qu ... est le plus beau pays que vous connaissez ?
Qu ... sont les plats que vous préférez ?
Qu ... journaux lisez-vous ?
A qu ... heure viendrez-vous demain ?
A qu ... étage habitez-vous ?
Qu ... a été le plus beau jour de votre vie ?
Avec qu ... lampes vous éclairez-vous ?
De qu ... tasses vous êtes-vous servis ?

9. Mettez : *le, la, me, te, etc.*

(Ex. Je donne *ma place* à une dame : je *la lui* donne.)
Cet enfant me demande *sa route* : je ... ... dis.
Vous avez perdu *votre montre* ? Un agent vient de ... ... retrouver.
Mon réservoir d'essence est vide : voulez-vous ... ... remplir ?
L'auto de mes amis est en panne : le mécanicien va ... ... réparer.
Achetez-moi des œufs, et je *vous* ferai *une omelette* pour demain : je ... ... servirai au déjeuner.
Apportez-nous *votre beurre*, et nous ... ... mettrons au réfrigérateur.
Passe-moi *le pain* de *ta sœur* : je vais ... ... couper.

Les bouchers m'ont vendu de la mauvaise viande :
je vais ... ... rapporter.
Donne-moi ton stylo, je vais ... ... remplir.
Voici mes bagages : pouvez-vous ... ... porter
dans ma chambre ?
Nous avons des oreillers trop durs : voulez-vous
... ... changer ?
Nous voudrions une table près de la cheminée.
— C'est facile, monsieur : il nous en reste encore
une. — Alors, gardez ... ..., s'il vous plaît.
Ces dames ont de grosses valises : garçon, il
faudra ... ... monter au 3ᵉ étage.

10. Complétez par le mien, ou le tien, ou le sien, etc.

Le garçon vous a mieux servi que moi : votre
truite est plus grosse que ... ...
J'ai écrit ma fiche d'hôtel. Mais ma femme a-t-elle
rempli ... ...
Je salis vite mes vêtements. Salis-tu aussi vite
... ... ?
Les amis de nos amis sont nos amis. Donc vos
amis sont aussi ... ...
Je n'ai pas de casserole pour faire cuire mes pâtes.
Pouvez-vous me prêter ... ... ?
Je prends mon repas au restaurant. Où les ouvriers
vont-ils prendre ... ... ?

11. Mettez : Celui-ci, celui-là.

Quel menu prenez-vous ? ... ... est le meilleur;
mais il est moins cher que ... ...
Comment s'appelle ce fromage ? — Du camembert, monsieur. Et ... ... ? — Du gruyère. —
Et ... ... ? Du fromage de chèvre.
Voici deux sacs : ... ... est à moi; mais à qui
est ... ... ?
Quels haricots voulez-vous ? ... ... qui sont
frais, ou ... ... qui sont en conserve ?
Ces deux malles sont très grosses, mais ... ...
pèse plus lourd que ... ...

12. Écrivez : Je serai, tu, etc.

Je suis garçon de restaurant et je sers très vite
les clients qui me donnent un bon pourboire.

13. Mettez les mots qu'il faut :

Garçon, emportez mon café; il a mauvais g ...
Le mien est b ... Donnez-m'en encore une tasse.
Cette viande est dure. Elle ne sera pas facile à di ...
Attention! votre café est trop chaud, vous allez
vous br ...
Voulez-vous me porter ce p ... ? Il est lourd.
La radio du voisin est gênante. Je vais b ... mes
oreilles avec du c ...

14. Mettez : je, tu, il, etc.

Je reconnais le patron de cet hôtel.
Je défends mon bifteck (= je défends mon salaire,
ma vie).
Je refais l'addition, quand je vais au restaurant.
Je remplis ma valise.
Je sers du poisson le vendredi.
Attention! j'aperçois des journalistes.
Je reçois des amis à dîner.
Je prends part à votre peine.

15. Mettez : le n° 14 au passé composé, puis au
futur.

16. Mettez : à, avec, comme, dans, de, en, pour.

Avez-vous une place ... Madame ?
Il vient s'asseoir près ... moi.
Le conférencier parlera ... un moment.
Hélène écoute la musique ... plaisir.
Donne-lui un peu ... alcool.
Garçon, pouvez-vous me servir ... l'instant ?
Je n'aime pas beaucoup les haricots ... conserve.
Je voudrais la meilleure chambre ... tout l'hôtel.
Repeindrez-vous votre maison ... bleu ou ...
vert ?
Hélène n'a rien ... mieux ... faire.
Que prendrez-vous ... boisson ?
Allez donc chez M. Dupont ... ma part.
Il ne faut pas se mettre ... colère.
Joseph nous a invités ... dîner.
Empêchez-le ... faire un trou ... le mur.
Le roi prend-il part ... cette conférence ?
Il n'y a plus ... essence ... mon réservoir.

117

— Monsieur l'agent, on vient de me **voler** mon auto. Où est le commissariat de police le plus voisin, s'il vous plaît?
— Deuxième rue à droite.
— Merci, monsieur.

. . . .

— Monsieur le commissaire, je viens **porter plainte** (f.). On m'a volé mon auto ce matin.
— Où cela?
— Devant ma maison, 37, rue du Théâtre.
— Avez-vous fermé les portes à clé quand vous êtes descendu de voiture?
— Oui.

— De quelle couleur est-elle?
— C'est une 2 chevaux (2 CV), bleue.
— Numéro?
— 12.604 Z 75. Et elle avait des pneus neufs !
— A quelle heure **avez-vous quitté** votre voiture?
— A 10 heures. Je suis monté chez moi, et quand je suis sorti, à 11 heures, je n'ai plus rien trouvé.

— *Il faut* que vous me *donniez* votre nom, votre âge, votre profession.
— Dubois, Ernest, né le 26 janvier 1912 à Paris. Agent d'**assurances** (f.).
— Agent d'assurances ? Oh ! alors vous rentrerez dans votre argent... Remplissez cette feuille... Ah ! il faut aussi que vous me *montriez* votre **carte** grise, votre **permis de conduire**.

— Je l'ai perdu, il y a un mois.
— Et vous roulez sans permis? Vous expliquerez ça au **tribunal !**
— C'est malheureux tout de même ! On me vole ma voiture, et c'est moi qui passe en justice. Est-ce que j'irai en **prison** (f.) ?

— Non, tout de même ; mais vous aurez une **amende**. Les **juges** sont durs pour les fautes contre le **code** de la route. L'auto n'est pas un **jouet**.

Le *subjonctif*		
il faut que je donne / que tu donnes	qu'il donne / que nous *donnions*	que vous *donniez* / qu'ils donnent

Le permis de conduire.

LE PROFESSEUR D'UNE AUTO-ÉCOLE. — Vous passez votre permis dans une semaine. Vous savez bien votre code ?

LA DAME *(son élève).* — Oui. Mais pourtant, j'ai déjà manqué mon permis trois fois à cause du code.

— Première question : quand vous êtes assise dans la voiture, que faites-vous, d'abord ?

— Je mets le moteur en marche.

— Bien, et après ?

— Il faut que je pense au *frein* à main ?

— Oui, mais après ?

— Je ne vois pas... Ah ! je ne saurai jamais !

— Mais si, madame. Faites bien attention : il faut que vous **annonciez** votre départ aux autres voitures ; alors ?

— Oh ! j'y suis. Il faut que j'**allume** mon **clignotant** !

— Voilà. C'est assez pour aujourd'hui. Maintenant, rentrez chez vous, mais n'oubliez pas...

— Oui, de relire mon code tous les soirs.

— N'oubliez pas non plus autre chose...

— Et quoi ?

— De faire un joli **sourire** au monsieur qui vous fera passer votre permis.

***

Le directeur de la prison, au prisonnier :

— Avez-vous pris un bain ce matin ?

— Ah ! non. Il en manque un ?

(D'après Léon TREICH, *Histoires anglaises*, Gallimard.)

***

Le juge au **voleur** *:*

— 30 francs d'amende.

L'agent de police :

— Il ne pourra pas payer, monsieur le juge : il n'a pas un sou.

— Alors, remettez-le en **liberté** (f.). **Suivez***-le... Ramenez-le dans une heure.

(D'après Léon TREICH, *Histoires anglaises*, Gallimard.)

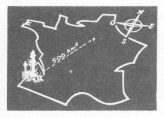

— Pardon, monsieur. C'est ici le bureau de **placement** (m.)?

— Oui. Vous êtes en **chômage** (m.)?

— Oui, monsieur.

— Il faut d'abord *que vous remplissiez* cette feuille. Quelle est votre **spécialité** (f.)?

— Ouvrier **électricien.**

— Nous n'avons rien dans cette spécialité. Mais on a besoin d'ouvriers dans la **construction.**

— Je ne sais pas me servir de la **pioche** et de la **pelle.** Et puis, je ne peux pas monter sur les toits : j'ai une maladie de **cœur** (m.).

— Voyons autre chose : la **menuiserie ?**

— Non, je ne connais rien au travail du bois.

— Les **transports routiers ?** Je cherche deux bons **chauffeurs** de **poids lourds** (= de gros camions).

— Oh ! rouler jour et nuit... Ma femme veut que je rentre à la maison tous les soirs. Et puis, avec ma maladie de cœur!

— Dites-donc, mon vieux, revenez avec votre femme... Ce sera plus facile.

— Ah ! vous croyez ça?... Il faut pourtant *que je choisisse* quelque chose. Je ne peux pas rester en chômage.

— Alors, le pétrole? On demande du monde pour une **raffinerie** du Sud-Ouest.

— C'est loin?

— A 500 kilomètres.

— Ernestine ne voudra jamais.

— Tenez, choisissez vous-même sur cette feuille. Il faut qu'on en *finisse.*

— ... Eh bien ! comme mécanicien, dans les avions, par exemple.

— Vous connaissez ça?

— Parbleu ! J'ai monté des moteurs d'avion pendant trois ans.

— Oh ! mais alors ça va, mon vieux. Salaire : 5 francs de l'heure, un mois de **congés payés. Sécurité sociale**, naturellement.

— Merci. Je **signe.** »

il faut	que je fini*sse*	qu'il fini*sse*	que vous fini*ssiez*
	que tu fini*sses*	que nous fini*ssions*	qu'ils fini*ssent*

Conversation

Le chauffeur et le menuisier.

Mme DUPRÉ. — Qu'est-ce qu'il fait, votre mari ?

Mme DULAC. — Il est chauffeur de poids lourds.

— C'est un bon métier ?

— Assez bon, oui, surtout à la fin du mois.

— Il gagne bien ?

— Il se fait dans les 750 francs (= il gagne à peu près 750 francs).

— Comme ça vous n'avez pas besoin de travailler **au dehors.** Vous pouvez rester chez vous.

— Heureusement : un chauffeur se salit beaucoup. Tous les jours il faut que je lave son **linge.**

— Oh ! Le mien se salit aussi, allez ! un menuisier, c'est dans la poussière toute la journée.

— Mais lui, il rentre tous les soirs à la maison. Les chauffeurs, eux, sont souvent partis 2 ou 3 jours.

— Pendant ce temps-là, leurs femmes sont bien tranquilles. Savez-vous que mon mari est là, à 6 heures et demie chaque soir ? Et à 7 heures, il faut que je lui remplisse son assiette de **soupe.**

— Ah ! ça sait vouloir, les hommes !

— Et puis, il faut qu'on leur prépare de bons petits plats, qu'on répare leurs vêtements... Quelle idée de se marier !

— Surtout avec un chauffeur.

— Oh ! on peut tomber sur un menuisier...

Une vieille dame visite une prison :

— Vous serez bien content, dit-elle à un prisonnier, quand vous sortirez d'ici.

— Vous **croyez*** ? Je suis **condamné à perpétuité.**

(D'après Mark TWAIN.)

121

— Ah ! mon cher ami, comme je suis heureux de vous revoir !

— Nous ne *nous sommes pas vus* depuis 25 ans, n'est-ce pas?

— Oui, depuis 1936. Combien avez-vous d'enfants?

— Un petit **garçon.** Et vous?

— Quatre : trois **fils** et une **fille.** Quel âge a votre enfant?

— 3 ans ; et les vôtres?

— Les trois garçons ont 30, 28 et 27 ans. La fille a 23 ans.

— Et que font-ils?

— Pierre, le plus vieux, est dans les assurances.

— Il est content?

— Ma foi oui. Il est déjà directeur.

— Et les autres?

— Le deuxième **s'occupe** de **photo** (f.) et de cinéma.

— Comme **vendeur ?**

— Non, comme **opérateur.** Mais en ce moment il ne travaille pas : les ouvriers du **laboratoire** sont **en grève** (f.). Mon troisième fils, André, est journaliste au « Courrier du peuple ».

— Ah ! oui, le grand journal de la rue du Marché.

— C'est ça : le journal que vous **tenez*** justement à la main. Mais il part souvent en **reportage** (m.). Pour le moment, il est en Amérique.

Cécile vient de finir ses études. Elle va entrer dans un laboratoire comme **chimiste** (m. et f.). Mais dans un an, elle se mariera avec un ingénieur des **mines** (f.). Vous voyez, j'ai voulu *que* tous mes enfants *aient* un bon métier et *que* la vie *soit* facile pour eux.

il faut			
que je sois	qu'il soit	que vous soyez	
que tu sois	que nous soyons	qu'ils soient	
que j'aie	qu'il ait	que vous ayez	
que tu aies	que nous ayons	qu'ils aient	

**Je tiens ; tu tiens ; il tient ; nous tenons ; vous tenez ; ils tiennent
Je tiendrais ; j'ai tenu.**

Il *s'*est levé - *ils se* sont lev*és*   Pierre a vu Jean - Jean a vu Pierre.
*Elle s'*est levé*e* - *elles se* sont lev*ées*   Pierre et Jean *se* sont v*us*.

Conversation

Le père. — Henri a encore manqué son examen. Qu'allons-nous faire de lui ? Qu'est-ce que nous **décidons** à son sujet ?

La mère. — Je n'en sais rien. Pourtant ses deux frères ont bien **réussi**. Étienne est ingénieur, Jacques médecin. Pourquoi pas la musique, pour Henri ?

— Pour qu'il soit sans travail comme Cécile ? Elle donne tout juste quelques leçons chaque mois.

— Henri, un jour, sera **chef** de famille. Il faut qu'il ait un métier.

— Plaçons-le comme vendeur, dans un magasin. Il **se présente bien,** il parle bien.

— Surtout de ce qu'il ne connaît pas !

— Tu vois : il saura vendre tout ce qu'on voudra.

Un ami. — Mes enfants sont encore jeunes, mais ils savent déjà quel métier ils feront quand ils seront grands ! Le plus âgé, lui, sera sûrement dans la construction, il a tout le temps la pioche à la main. Tenez, ce matin encore, il *a* **démoli** le mur de notre jardin...

— En effet.

— Le plus jeune sera mécanicien ou électricien. Il a réussi à **démonter** le moteur de ma motocyclette...

— Bravo !... Et il a tout **remonté** ?

— Non, on a fait ça au garage voisin.

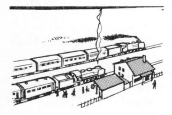

— Vous venez cet après-midi prendre une tasse de thé à la maison?

— Non merci : il faut *que j'écrive* deux ou trois lettres (f.), *que je fasse* quelques courses dans les magasins.

— Et demain?

— Demain non plus. Je prends le train de 7 heures pour Dieppe avec ma femme et mon fils. Nous passons la journée à la campagne, chez des amis.

— Tiens, vous irez par le train?

— Oui, ma voiture est en panne : quelque chose au moteur.

— Mais la **gare** est loin de chez vous ! (loin de votre maison).

— Nous prendrons un taxi.

— Vous n'emportez pas de bagages?

— Oh ! non : pour une journée seulement !

— A quelle heure arriverez-vous?

— A 10 heures. Ce train-là n'est pas **direct**, c'est un **omnibus.** Et il faudra que nous changions une fois.

— Où ça?

— A Rouen.

— Trois heures pour aller à Dieppe, c'est long...

— Oui, mais quand je fais un long voyage, je prends des premières. Je veux que ma femme et mon fils soient assis, qu'ils aient une bonne place. Et moi, je ne veux pas rester debout non plus.

— Je comprends ça. Mais l'avion est vraiment plus **pratique** (=plus **commode**) que le train.

— Bien sûr; seulement il n'y a pas encore de **ligne** (f.) Paris-Dieppe.

— Moi, quand je vais en Belgique, je prends l'**hélicoptère** (m.). Pas besoin d'**aéroport** (m.) ni de **piste** (f.) **d'envol** (m.)...

— Oh ! déjà deux heures... Il faut *que j'aille* à la gare, *que je prenne* les billets, *que je* **retienne** mes places... A bientôt cher ami.

que j'écrive,	qu'il écrive,	que vous écriviez,
que tu écrives,	que nous écrivions,	qu'ils écrivent
que j'aille,	qu'il aille,	que vous alliez,
que tu ailles,	que nous allions,	qu'ils aillent.
que je prenne,	qu'il prenne,	que vous preniez,
que tu prennes,	que nous prenions,	qu'ils prennent.
que je retienne,	qu'il retienne,	que vous reteniez,
que tu retiennes,	que nous retenions,	qu'ils retiennent.
que je fasse,	qu'il fasse,	que vous fassiez,
que tu fasses,	que nous fassions,	qu'ils fassent.

il faut

Conversation

— Grand-père, as-tu déjà voyagé en avion ?
— Non, mon petit. Et je ne le ferai pas demain.
— Et en hélicoptère ?
— Non plus. C'est le train que j'aime le mieux, ou le bateau.
— Tu as peur des accidents ?
— On aime être bien assis, à mon âge !
— On est mal assis en avion ?
— On dit que les places sont très étroites et qu'on ne peut pas dormir.

— Mais dans le train, il y a des voyageurs gênants. Il y en a qui allument les lampes, qui les **éteignent***.
— Oui, bien sûr... Et surtout tu aimes aller vite, tu aimes la **vitesse** n'est-ce pas ?
— Dame, à mon âge !

*
**

Pierrot et son père voyagent en chemin de fer.
Pierrot regarde par la **portière**. Son père, vite, lui prend son chapeau et le **cache**.
— Oh ! papa, mon chapeau s'est envolé !
— Ça ne fait rien, Je vais **siffler** ; il va revenir.
Il siffle et rend le chapeau à son fils.
Un peu plus loin, le père **se penche** par la portière pour voir le nom d'une gare. Pierrot prend le chapeau de papa et le **jette** dehors ; le vent l'emporte... Alors, tout content, il crie : — Siffle, papa !

125

— Quel livre lis-tu là?
— Un **roman** policier : « L'**affaire** (f.) de l'avion 524 ».
— C'est intéressant?
— Oui, très.
— Alors, *il faut que je le lise* aussi...
— Je te le **prêterai** avec plaisir, mon vieux.
— Non : je pars demain pour l'Allemagne ; je vais l'acheter aujourd'hui. Où l'as-tu trouvé?
— Chez le **libraire** de la place du Marché.
— Il a beaucoup de livres?
— Oh ! oui : des romans, des **pièces** (f.) de théâtre, des livres d'**histoire** (f.), des **poésies** (f.). J'y achète aussi mon journal chaque matin. Je suis un bon client. Veux-tu *que je* lui *dise* que tu es mon ami? Il te servira bien.
— Volontiers. Seulement, je n'achète pas beaucoup de livres. Quand je veux lire, je vais à la Bibliothèque de la ville. On y trouve beaucoup de **romans**.
— Tiens, c'est une bonne **idée**. Il *faudra que je voie* ça.
— Oui; la **bibliothécaire** est très **gentille**. Il *faudra* que tu ailles la voir de ma part et *que tu prennes* un **abonnement**. Tu paieras une petite **somme** chaque année et tu pourras changer tes livres tous les quinze jours.
— Merci du **conseil**.

	que je lise, que tu lises,	qu'il lise, que nous lisions,	que vous lisiez, qu'ils lisent.
il faut	que je dise, que tu dises,	qu'il dise, que nous disions,	que vous disiez, qu'ils disent.
	que je voie, que tu voies,	qu'il voie, que nous voy*i*ons,	que vous voy*i*ez, qu'ils voient.

A la bibliothèque.

M. Lesot. — Pardon, madame, c'est vous la bibliothécaire ?

La bibliothécaire. — Oui, monsieur.

— Je viens de prendre un abonnement, et je voudrais maintenant avoir un livre.

— Il faut d'abord que vous me disiez celui que vous voulez.

— Il faut que je choisisse moi-même ?

— Bien sûr : je ne peux pas choisir pour vous.

— Au moins, vous pouvez m'**aider**.

— Avec plaisir. D'abord, qu'est-ce que vous aimez le mieux : les romans ?

— Oh ! vous savez, les romans...

— Un livre **sérieux**, alors : « A travers la langue anglaise » ?

— C'est trop difficile pour moi.

— Préférez-vous les **voyages** (m.) ? « L'Afrique d'aujourd'hui » ?

— Je me porte très mal dans les **pays** chauds.

— Alors, lisez : Jean-Paul Durand : « Voyage au grand **Nord.** »

— Vous voulez que je prenne froid ?

— Pas de danger ! Ici nous avons le chauffage central.

— Vous n'avez pas quelque chose de plus amusant ? J'aime beaucoup les journaux d'enfants.

— Nous avons « Toto et Pépé ».

— Voilà. Il faut que je lise ça.

— Oui, et vous pourrez le prêter à votre petit garçon...

— Oh ! lui, il n'aime que les sciences, c'est un garçon sérieux. Ça fera au moins un homme sérieux dans la famille !

Dans le train :
Un voyageur vient de placer une grosse valise au-dessus d'un autre voyageur. Celui-ci demande :

— Il n'y a pas de danger ?

— Oh ! non ; elle est fermée à clé.

(D'après *Noir et Blanc*.)

EXERCICES
(Leçons 37 à 41)

1. Lisez et écrivez :

L'automobile en France.

Pour rouler en auto, en France, il faut avoir un permis de conduire, une carte grise et une assurance. Il faut toujours garder sa droite. Il est défendu de rouler sur les lignes jaunes.

Des agents, montés sur des motos, font payer des amendes aux automobilistes qui roulent trop vite ou qui sont dangereux pour les autres. Ces amendes sont souvent lourdes. Parfois même, ils peuvent faire passer devant le tribunal les gens qui ont fait de trop grosses fautes contre le code de la route et les juges peuvent envoyer les chauffeurs dangereux en prison.

L'auto n'est pas un jouet, et les chauffeurs doivent rester maîtres de leur voiture.

2. Mettez : *Un, une.*

... pneu; ... question; ... spécialité; ... sourire; ... emploi; ... maladie; ... laboratoire; ... ligne; ... hélicoptère.

3. Accordez *les adjectifs.*

Une femme (âgé); la (premier) rue à gauche; la gare (voisin); de (bon) idées; l'Histoire (ancien) (= l'Histoire des Égyptiens anciens, des Grecs, des Romains); des trains (direct); une construction (neuf); les pays (chaud); une (vieux) fille (= une fille âgée, non mariée); une étudiante (sérieux).

4. Répondez :

a) Avec quoi ouvrez-vous votre porte ?

Où vous arrêtez-vous pour avoir de l'essence ? Avec quoi et où fait-on l'essence ? Avec quoi fait-on les pneus ?

Où portez-vous plainte, si on vous vole votre argent ?

Avez-vous déjà trouvé une somme d'argent ? Qu'en avez-vous fait ?

Que font les juges ? Où les voit-on ? Qu'est-ce qu'une amende ?

b) A quoi sert le bureau de placement ?

Que fait un menuisier ? Qu'est-ce qu'un électricien ?

A quoi sert une pelle ? une pioche ? Où travaille un chimiste ? Un menuisier ?

Qu'est-ce qu'une assurance sur la vie ?

Avez-vous droit à un congé payé ? Pendant combien de temps ? A quoi sert la Sécurité sociale ?

Avez-vous déjà fait grève ?

c) Allez-vous souvent à la campagne ? Comment y allez-vous ?

Où prenez-vous le train ? Aimez-vous mieux voyager en auto ? Avez-vous votre permis de conduire ? Quand l'avez-vous passé ?

Etes-vous déjà monté en avion ? Si oui, pour aller où ? Où arrive-t-il ? Où se met-il pour partir ?

Lisez-vous souvent des romans policiers ? Quels sont les livres que vous préférez ? Qu'est-ce qu'une bibliothèque ?

5. Ecrivez : *tu, il,* etc.

Il faut que je *finisse* mon travail avant ce soir.

Il faut que je *retienne* des places pour aller au cinéma avec mes amis.

Il faut que je *prenne* ma carte grise et mon permis de conduire avant de monter dans mon auto.

Il faut que je *lise* de bons livres.

Il faut que je *quitte* mon pays pour apprendre le français.

Il faut que j'*écrive* à mon professeur.

Il faut que je *dise* au revoir à mes amis.

Il faut que je *fasse* des progrès et que je *réussisse* à mon examen.

Il faut que j'*aille* à la campagne dimanche prochain.

Il ne faut pas que j'*aie* peur.

Il faut que je *sois* content de moi.

Il faut que je *voie* mon patron et que je lui *demande* des vacances.

6. Ecrivez : *tu, il,* etc.

Ce matin, je *me suis réveillé* à 7 heures; puis je *me suis lavé, habillé* et *chaussé.*

Je ne *jette* pas l'argent par les fenêtres.

Je n'*éteins* pas avant minuit.

7. Mettez à *l'impératif.*

Ne *(perdre)* pas ton temps.
(Eteindre) ta lampe.
Ne *(quitter)* pas ton enfant.
(Jeter) ce papier.
(Suivre) donc ta première idée.
(Savoir) bien ta leçon.
(Croire) tes professeurs.
(Choisir) bien ta place dans le train.
(Signer) ton nom.
Tu es trop jeune : ne pas *(se marier)* encore.
(S'occuper) de tes affaires.
(Tenir) ta droite quand tu conduis.
(Faire) attention à ce que tu dis.
(Aller) à ta leçon de musique.

8. Mettez : *ne perdez pas votre temps*, etc.

9. Mettez les verbes :

— Votre auto n'est plus neuve. Il faut que vous la *(changer)* bientôt.
— Que faut-il que je *(prendre)* ? Une 2 CV ou une 4 CV ?
— Si vous roulez vite, il faut que vous *(acheter)* une grosse voiture.
— Je ne veux pas que ma voiture *(dépenser)* trop d'essence.
— Alors il ne faut pas qu'elle *(avoir)* un moteur trop rapide.
— Je veux quand même qu'elle *(pouvoir)* rouler à 90.
— Il n'est pas pratique aujourd'hui qu'une auto *(faire)* moins.

10. Donnez le « contraire » de :

Acheter, perdre, finir, chaud, chômage, arrêt, minuit, hier, dur, monter, heureux, grand, long, allumer, train-omnibus.

11. Complétez :

Hier, je voulais a ... un livre. Je suis donc entré chez un l ... Il m'a m ... des r ..., des pièces de t ..., des livres d'hi ... Mais tout cela était trop c ...; j'ai pr ... seulement un j ... illustré.

J'y ai tr ... de très b ... ph ... et un excellent re ... sur l'Afrique. J'ir ... peut-être un jour dans ce pays si int ... Mais avant, il faudra que je tr ... dur : je veux devenir ing ..., et ce ne sera pas f ...
Demain, j'irai au c ... voir des films sur l'Afrique.
Et plus tard, j'y ferai un long v ... en av ...

12. Complétez :

Ma voiture n'avance pas. — Bien sûr! Vous avez laissé le f ... à main !
Vous allez tourner à droite. Alors allumez votre cl ..., mais ensuite n'oubliez pas de l'ét ...
La poussière a sal ... ma gl.... Lave-l... moi, s'il te plaît.
Ce mauvais chauffeur a dém... le mur de ma maison.
Dans les trains, il est défendu de se pen... par la p ...
Je ne peux pas trouver mon stylo. Où l'as-tu c...?
Les livres d'hi ... sont trop sé ... pour moi.

13. Mettez : *à, avec, chez, contre, dans, de, depuis, en, par, pendant, pour, sans, sur.*

J'apprends le français ... deux ans.
Beaucoup de gens sont ... chômage. Moi, je vais être ... travail le mois prochain.
Il est condamné ... 8 jours ... prison.
Je vais au commissariat ... police porter plainte ... mon voleur.
Il se fait d ... les 6 F ... l'heure.
J'aime mieux descendre ... des amis que ... un hôtel.
... un bon roman policier, il est facile ... passer un moment agréable.
Je vais ... Londres ... avion. La Caravelle quitte la piste ... envol ... minuit.
Quelle idée elle a, d ... prendre l'hélicoptère ! Elle est sûrement tombée ... la tête !
Ne vous occupez pas ... moi : je réussirai ... mon examen. — Quand le passez-vous ? — ... 3 jours.
Il est défendu ... rouler ... auto ... permis ... conduire.
Nous avons besoin ... manger ... vivre.

— Bonjour, monsieur. Attendez un moment, s'il vous plaît : je rase Monsieur et je suis à vous. Voulez-vous un journal d'aujourd'hui?
— Oui, merci.

. . . .

— Maintenant, c'est à vous, monsieur. Qu'est-ce que je vous fais?
— Coupez-moi les cheveux. Quand vous m'*aurez coupé* les cheveux, vous me raserez (= vous me ferez la barbe).
— Bien. Les cheveux, je vous les coupe aux **ciseaux** (m.) ou au rasoir?
— Aux ciseaux dessus et sur les **côtés** (m.), au rasoir derrière le cou.

— Entendu. Quand je vous *aurai coupé* les cheveux, est-ce que je vous ferai un **shampooing?** [pron. *chan-poin*].
— Oui ; j'en ai besoin.

. . . .

— Voilà, monsieur, c'est fini.
— Quel est ce shampooing *avec lequel* vous m'avez lavé les cheveux? Il sent bon !
— Ça s'appelle « Fleurs de mai ». Nous venons de le recevoir.
— Je vais en acheter un. Avez-vous aussi des **lames** (f.) pour rasoir?... Pouvez-vous faire un paquet *dans lequel* vous les mettrez, et **envelopper** le tout?
— Oui, je vais **arranger** ça.
— Merci. Maintenant, je voudrais un rendez-vous pour ma femme.
— Mademoiselle, voulez-vous prendre le rendez-vous pour Madame?

— Avec plaisir. Mardi ou mercredi, à 10 heures?
— Mercredi. Ce sera pour une **indéfrisable.**
— Bien ; c'est entendu, mercredi 10 heures.
— Merci, mademoiselle.
— A votre service, monsieur.

Le futur antérieur

Quand j'aurai coupé ...	*Quand* nous aurons coupé ...
Quand tu auras coupé ...	*Quand* vous aurez coupé ...
Quand il aura coupé ...	*Quand* ils auront coupé ...

Le couteau *avec lequel* je coupe. — Les couteaux *avec lesquels* ...
L'auto *avec laquelle* je voyage. — Les autos *avec lesquelles* ...

Conversation

QUARANTE-DEUXIÈME LEÇON

Une femme **tricolore**

LA COIFFEUSE. — Vite, madame, vous êtes en retard.

LA CLIENTE. — C'est la faute de mon mari. Il me prend un rendez-vous pour le mardi, jour de marché.

— Ah! ces hommes, ils nous en font voir... Avant le mariage, ça, oui, ils sont toujours **gentils**. Mais après...

— Oui, même le meilleur change vite.

— Pourtant, ils disent que c'est nous qui changeons.

— Tenez, moi : je me suis mariée brune...

— ... et aujourd'hui vous êtes blonde...

— Eh ! bien, cela le met en colère.

— Pourquoi donc ?

— Il dit qu'il a épousé une femme brune et qu'il va retourner chez sa mère si je reste blonde.

— Eh bien, changez encore, essayez le **roux**.

— Moi, rousse ? J'entends d'ici mon mari « Alors, quoi ? brune ? blonde ? rousse ?... Je ne veux pas d'une femme tricolore !

Chez le coiffeur, un monsieur entre avec un petit garçon :

— La barbe ? les cheveux ? demande le coiffeur.

— Tout !

— Le coiffeur coupe cheveux et barbe au monsieur.

— Tiens, dit-il, quand le coiffeur a fini, j'ai quelque chose à acheter dans un magasin. Je reviens dans dix minutes. Coupez donc les cheveux au petit.

Au bout d'une heure, le coiffeur demande à l'enfant :

— Dis donc, où est parti ton papa ?

— C'est pas mon papa ! c'est un garçon qui m'a dit : viens avec moi, on va se faire couper les cheveux pour rien.

(D'après *France-Dimanche*, Fernand DALY.)

131

La *poste, le courrier – prends!* Ne *prends* pas!

— Mademoiselle, le courrier est-il **prêt ?**

— Oui, monsieur le directeur. J'ai fini de taper toutes les lettres.

— Alors, **collez** les **timbres,** et *portez* vite le courrier à la poste, pour la **levée** de 7 heures. C'est la dernière. Et il faut que ma **réponse** à MM. Brun et Blanc parte aujourd'hui. Avez-vous bien mis leur nouvelle **adresse?** 18, rue Lefèvre, Lille?

— Oui. Mais nous n'avons plus de timbres.

— *Achetez*-en à la poste... Ah! *Envoyez* aussi un **télégramme** à la maison Potier (ou **télégraphiez** à la maison P.)

— Je vais le prendre en **sténo** (f.).

— Voici, ce n'est pas long : « Bien reçu votre **commande** (f.) douze moteurs. Stop. Les recevrez dans une quinzaine. Stop. Vous enverrai **facture** (f.) fin du mois. Stop. David. ».
Le **facteur** est-il passé? J'attends une réponse des « Charbons de l'Est. »

— Oui, monsieur le directeur. Il est passé. Il n'y avait rien pour nous à la dernière **distribution** de la journée.

— *N'oubliez pas* de téléphoner aux « Charbons de l'Est » demain matin. Vous avez leur numéro? ETO (Etoile) 13-02 *(treize, zéro deux).*

— Oui, mais je devrai téléphoner de la poste. Mon **appareil** ne marche pas. On viendra le réparer demain. Aujourd'hui je n'ai pu avoir aucune **communication.**

— Votre appareil ne marche pas? Vous téléphonerez avec le mien... Ah! **Préparez**-moi aussi un **chèque** de 6.000 francs pour Dupont-Berger.

— Un **chèque bancaire** ou un **chèque postal ?**

— Un chèque bancaire.

L'impératif

Prends! *Ne* prends *pas!* — **Prenez!** *Ne* prenez *pas!* — **Prenons!** *Ne* prenons *pas!*

Au téléphone

ÉMILIE *(femme de chambre)*.

— Allô ! C'est toi, Victor ?

...

— Non ? Ce n'est pas toi ? Vous n'êtes pas Étoile 98-24 ?

...

— Ah ! excusez-moi (je crois pourtant que j'ai bien fait le numéro). Attention cette fois ! **Recommençons !** E-T-O-9-8-2-4.

...

— Pas libre ! Je n'ai pas de **chance** (f). Attendons un moment.

...

— Ah ! cette fois, ça sonne. Allô ! Étoile 98-24 ?

...

— Puis-je parler à M. Victor Lenoir, s'il vous plaît ?

...

— Ah ! c'est toi, Victor ? Ici, Émilie.

...

— Oui, ça va bien, très bien même : mes patrons sont à la campagne !

...

— Quoi ? Les tiens aussi ? Ah ! ils ont de la chance, les **patrons** (m). Toujours en **vacances** (f). Et de l'argent plein les poches... Mais comment as-tu fait pour rester ? D'habitude c'est toi qui conduis leur voiture...

...

— Ah ! tu n'as pas voulu ! **Bravo !** Il ne faut pas se laisser faire. Ils ne sont pas partis avec leur petite 4 chevaux ?

...

— Elle est au garage ? Dis donc : si on allait faire un petit tour avec ?

...

— Alors, à tout à l'heure. Tout de même, les vacances des patrons ont du bon !

***

De Tristan Bernard, ces **conseils** *(m.) à un conférencier :*

« Quand vous aurez fini votre conférence, saluez, et sortez très **doucement,** pour ne réveiller personne. »

(D'après Marcel ACHARD, *Conférencia,* Hachette.)

— Tu rentres bien tard, Marie ! Et le dîner n'est pas prêt. J'ai faim, tu sais.

— Ah ! mon chéri, que de monde, le samedi, dans les grands magasins !

— Anne *t'accompagnait ?*

— Oui.

— Alors, ça ne m'**étonne** plus. Vous *racontiez* des histoires (f.) pendant que les autres *achetaient*, elles.

— Non, mon chéri, nous ne *racontions* pas d'histoires. Mais les vendeuses ne se *pressaient* pas. Et les clientes n'en *finissaient* pas de choisir.

— Qu'as-tu acheté?

— Pour toi, deux **chemises** (f.) de **nylon** (m.) [pron. *ni*-lon] ; trois **paires** (f.) de **chaussettes** (f.) de **laine** (f.) ; des **pyjamas** (m.) de coton, avec lesquels tu auras plus chaud cet hiver qu'avec tes pyjamas de **soie** (f.) ; et une demi-douzaine de **mouchoirs** (m.).

— Merci... Et pour toi?...

— Oh ! pour moi, j'ai seulement acheté cette délicieuse blouse, et puis cette jupe, cette robe (f.) (pour l'hiver aussi), et puis ce manteau pour voyager... Mais *j'oubliais:* le tien commence à être usé, et tu as besoin aussi d'un **complet** neuf, veste (f.) et pantalon (m.).

— On verra... on verra... Tu as encore acheté autre chose?

— Oh ! presque rien : deux paires de **bas** (m.), un délicieux chapeau...

— Ah ! Délicieux, lui aussi...

— Ils sont si jolis en ce moment. Tu sais, un de ces petits chapeaux...

— Oui, très petits et très chers !
...Et c'est tout? Pas de délicieuses chaussures?

— Non, pas cette fois-ci.

— Allons ! à table, pense maintenant à ton pauvre mari qui a faim !

L'imparfait

Je rencontrais, tu rencontrais, il rencontrait, nous rencontrions, vous rencontriez, ils rencontraient.

Je finissais, tu finissais, il finissait, nous finissions, vous finissiez, ils finissaient.

Nous finis**s**ons : je finis**s**ais. — Nous **av**ons : j'**av**ais. — Nous **pren**ons : je **pren**ais.

Conversation

Chez le **tailleur**

LUI. — Je voudrais que vous me fassiez un complet.

LE TAILLEUR. — Un complet comment ? Sport, habillé ?

LUI. — Sport plutôt. Par exemple, une veste gris clair avec un pantalon plus foncé.

LE TAILLEUR. — Oui, c'est pratique.

ELLE. — Pratique, peut-être ; **chic**, non !

LE TAILLEUR. — C'est ainsi que les jeunes s'habillent aujourd'hui.

ELLE. — Les jeunes, bien sûr. Mais mon mari va sur ses 50 ans (= va vers 50 ans, aura bientôt 50 ans).

LUI. — Je n'en ai encore que 48...

ELLE. — Et puis, dans ta profession, il te faut un complet habillé.

LUI. — Mais j'ai déjà trois complets habillés : un bleu, un noir, un gris foncé !

LE TAILLEUR. — Prenez un gris clair.

ELLE. — Jamais de la vie, c'est bon pour les hommes grands et **minces.**

LE TAILLEUR. — Monsieur n'est pas petit. Et il est resté mince.

ELLE. — Non, il a du **ventre**, avec ses 50 ans...

LUI (*à sa femme*). — Quand nous nous sommes connus je portais un veston bleu et un pantalon clair : tu ne trouvais pas cela si mal...

ELLE. — Tu avais 25 ans, mon ami. Et tu m'écrivais des lettres pleines de poésie... (*Suite et fin leçon 45.*)

**

« Ma femme voulait appeler notre **bébé** André. Et moi, Jean. Finalement, il a fallu l'appeler Juliette. »

(D'après *Noir et Blanc*, Michel SIMON.)

**

Au Musée : « Le Roi que vous voyez là, Mesdames et Messieurs, **vivait*** en 2200.

QUELQU'UN. — Avant ou après Jésus-Christ ? »

(D'après Léon TREICH, *L'Esprit français*, Gallimard.)

135

— Que voulez-vous, madame?

— Je voudrais une **brosse à dents.**

— Voilà un **article** solide : nylon et **plastique** (m.).

— Combien est-ce?

— 1 franc 50 la brosse. Deux pour 2 francs 25.

— Donnez m'en deux. J'ai aussi besoin de **savon** (m.).

— Une boîte de 10, à 5 francs?

— Oui. C'est bien. Et puis il me faut des **serviettes** (f.) de toilette.

— Alors, c'est au linge, **rez-de-chaussée** (m.).

— Pour le **fil à coudre*** et les **aiguilles** (f.)?

— Rez-de-chaussée également.

— Et pour des casseroles (f.)?

— Quatrième étage (m.) articles de **ménage.** Vous avez l'ascenseur (m.) à droite.

. . . .

(Au 4ᵉ étage) :

— Je voudrais une casserole *d'aluminium* (m.).

— Oh ! nous en manquons. Hier nous en *avions* encore trois douzaines. Il n'en reste plus. C'*était* un bon article.

— Et des plats, vous en avez?

— Grands?

— Un grand pour la viande, un petit pour les œufs.

— Voilà ce que nous avons de meilleur.

— Et puis 6 couteaux (m.), 6 cuillers (f.), 6 fourchettes (f.).

— C'est tout, madame?

— C'est tout pour aujourd'hui. Ah ! non : j'ai besoin d'un **réveille-matin** pour ma cuisine. Il faut que je puisse voir l'heure.

— L'étage au-dessous, escalier à gauche. (3ᵉ étage).

— Qu'est-ce que vous avez comme réveils? Je voudrais quelque chose de pas cher...

— Voilà un très bon article, solide, bon marché. Il sonne les minutes. C'est pratique pour cuire les œufs.

— Bien.

— C'est tout? Nous avons de jolies montres en ce moment.

— Non, merci.

J'étais, tu étais, il était, nous étions, vous étiez, ils étaient.
J'avais, tu avais, il avait, nous avions, vous aviez, ils avaient.

Chez le tailleur (fin)

LE TAILLEUR. — Autrement, vous n'avez besoin de rien ? pas de manteau ?

LUI. — J'en ai déjà quatre.

LE TAILLEUR. — Pas de veste pour la maison ?

ELLE. — Je lui en ai acheté une, il y a 15 jours.

LE TAILLEUR. — Et pour vous, madame ?

ELLE. — Qu'est-ce qu'on va porter l'hiver prochain ?

LE TAILLEUR. — La jupe était courte cette année. En hiver, elle sera plus longue.

ELLE. — Et quels **tissus** verra-t-on ?

LE TAILLEUR. — Surtout des tissus en laine.

ELLE. — Et il faudra compter combien pour une robe ?

LE TAILLEUR. — Entre 300 et 400 francs.

ELLE *(au tailleur)*. — Ce n'est pas cher.

LUI. — Tu trouves ?

ELLE. — Combien coûte un complet d'homme ?

LE TAILLEUR. — Entre 400 et 500 francs.

ELLE. — Tu vois : nous, les femmes, nous dépensons moins que vous pour les vêtements.

LUI. — Oui, mais vous en changez plus souvent...

Chez le marchand de chaussures

— Bonjour, madame, je voudrais une paire de chaussures d'été. J'en ai vu chez vous qui me **plaisent*** bien. Tenez, celles-ci.

— Les rouges ? Bon. Mais qu'est-ce que vous chaussez, mademoiselle ?

— Du 37.

— Oh ! nous ne les avons plus qu'en 39 et 40.

— Tant pis ! je les aimais beaucoup.

— Et ces petites chaussures blanches ? elles sont très jolies aussi !

— Oui, je veux bien les essayer; mais est-ce que vous les avez en rouge ? Il faut qu'elles aillent avec ma robe rouge.

— Non; vraiment, pas de chance : ce matin j'en avais encore une paire, mais je ne les ai plus qu'en blanc... Essayez-les quand même, Mademoiselle, le blanc va aussi avec le rouge.

— Non, merci... J'ai un chapeau bleu, je vais avoir l'air d'un drapeau !

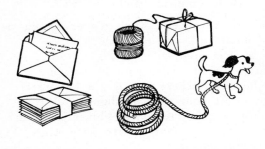

— Mademoiselle, avez-vous du papier à lettres?

— Parfaitement, monsieur. Blanc ou de couleur?

— Blanc.

— Par 50 feuilles (f.) ou par 100?

— Oh! 50, ce sera assez : **Autrefois**, j'*écrivais* beaucoup de lettres. Maintenant, je téléphone. Autrefois, mes amis *aimaient* recevoir des lettres, et ils *répondaient*. Maintenant, ils téléphonent, eux aussi... C'est le progrès !... Voyons, qu'est-ce que je *disais*?

— Vous *disiez* « 50 feuilles, ce sera assez ».

— Ah! oui. Mettez-moi aussi 50 **enveloppes** (f.) et 200 feuilles de papier-machine, pour ma dactylo.

— Vous n'en voulez pas 500? Ce sera moins cher : 2 francs les 200, 4 francs les 500.

— Bon, 500... Je voudrais aussi de la **ficelle** pour faire des paquets et de la corde pour **attacher** mon chien.

— Voyez à côté.

. . . .

(Aux articles de radio) :

— Ce poste de télévision (f.), combien, s'il vous plaît?

— 700 francs. Mais vous pouvez payer 50 francs à la **livraison** et le reste en 12 mois : 60 francs par mois.

— Les images (f.) sont bonnes? Le **son** est bon?

— Voyez sur ce **poste** qui marche en ce moment.

— Oui, c'est très bon. Et comme postes de radio, qu'est-ce que vous avez?

— A 6 ou à 8 lampes?

— A 8 lampes.

— Voilà un appareil solide et bon marché.

— Et on peut avoir tous les pays?

— Bien sûr, tenez, voilà Rome... Voilà Moscou... Voilà New York.

— Je verrai plus tard... Aujourd'hui je vais prendre 2 ou 3 **disques** (m.) pour mon **phono.**

— En 33 tours?

— Oui.

Dire	: je disais	*Prendre*	: je prenais
Répondre	: je répondais	*Pouvoir*	: je pouvais
Voir	: je voyais	*Vouloir*	: je voulais
Faire	: je faisais	*Savoir*	: je savais

Les vieilles chansons françaises

LE CLIENT. — Vous avez des disques, Mademoiselle ?

LA MARCHANDE DE DISQUES. — Parfaitement, Monsieur.

— Et de bons ?

— De très bons, même.

— C'est pour **offrir***. Alors, je voudrais quelque chose de bien.

— De la grande musique ?

— Quel prix ?

— 40 francs le disque.

— C'est cher. Et puis, la grande musique, je trouve ça difficile à entendre. N'avez-vous pas autre chose ?

— Si : par exemple, les airs de « Carmen ». Pour 30 francs vous aurez de très bons disques.

— Oui, mais « Carmen », on entend ça partout.

— Des chansons **modernes**, cela ne vous dit rien ?

— Combien ?

— 20 francs.

— Ce n'est que de la musique des rues... On aura oublié tout ça dans deux ans.

— Vous ne pouvez pas dire cela des vieilles chansons françaises. J'ai justement là un petit disque en plastique, où, pour 5 francs, vous aurez les plus jolies.

— Il fallait m'en parler plus tôt. Les vieilles chansons, c'est clair, c'est simple, c'est toujours jeune. Et puis, ces disques ne sont pas chers, je vais pouvoir en offrir plusieurs pour le même prix.

*
* *

Grands magasins

— Vous n'étiez pas chez vous, cet après-midi, Anne ? J'ai essayé plusieurs fois de vous téléphoner...

— En effet, j'étais aux « Nouvelles Galeries ». J'avais besoin de plusieurs choses pour les enfants, et j'aime bien acheter dans les grands magasins.

— Vous avez raison. Leurs articles sont bons en général et pas trop chers, et puis, on y trouve de tout.

— C'est vrai. Tenez, aujourd'hui, j'ai fini mes courses en une heure. Et pourtant, il y en avait du monde ! On était plutôt **serré** ! Et j'avais à acheter du papier à lettres et des enveloppes pour Jean, des chaussettes et une chemise pour Pierre, et des serviettes de toilette pour moi. Mais aux « Nouvelles Galeries », on peut choisir tranquillement ce que l'on veut, sans courir d'un magasin à l'autre tout l'après-midi.

EXERCICES
(Leçons 42 à 46)

I. Lisez et écrivez :

Quand j'étais enfant, j'avais toujours peur d'aller chez le coiffeur. Il me prenait dans ses bras, me faisait asseoir sur une grande chaise et me mettait autour du cou une serviette qu'il serrait très fort. Puis il demandait à maman : « Faut-il les lui couper très courts, en garçon ? ». « Oui, aussi courts que vous pourrez », disait ma mère. « Comme ça, ils ne lui tomberont pas dans les yeux. »
Alors, le coiffeur prenait de grands ciseaux, avec lesquels il coupait mes jolis cheveux blonds. Puis, il saisissait sa tondeuse, qu'il me passait dans le cou et sur les côtés. Quand je sortais de ses mains, ma tête était pareille à celle des petits veaux qu'on voit chez les bouchers. Pourtant, je pensais : « Ce n'est rien. Plus tard, il faudra aussi que tu te fasses faire la barbe, comme les messieurs qui sont là. Le rasoir passera sur tes joues. Et, peut-être, un jour, quand le coiffeur n'aura pas fait attention, il coupera un morceau de ton nez ou de tes oreilles... »

2. Mettez : *le, la, les.*

... ciseaux ; ... cou ; ... mariage ; ... réponse ; ... vacances ; ... juge ; ... chaussette ; ... savon ; ... rez-de-chaussée ; ... musique.

Mettez : *un, une, des.*

... indéfrisable ; ... télégramme ; ... nouvelles ; ... mouchoir ; ... commande ; ... pyjama ; ... casserole ; ... ficelle ; ... facture ; ... pantalon ; ... bas ; ... rendez-vous.

3. Complétez :

Une boîte *(plein)* ; une barbe *(roux)* ; des blouses *(neuf)* ; une robe *(noir)* ; des nouvelles *(frais)* ; une dactylo *(gentil)* ; des casseroles *(usé)* ; des articles *(bon marché)*, mais *(solide)*.

4. Répondez :

Allez-vous souvent chez le coiffeur ? Avec quoi vous coupe-t-il les cheveux ? la barbe ? A quoi sert le shampooing ?
Avec quoi écrivez-vous vos lettres ? Qu'écrivez-vous sur l'enveloppe ? Qu'y collez-vous ?
Avec quoi téléphonez-vous ? Où portez-vous vos télégrammes ? A quelle heure a lieu la dernière levée ?
Que fait-on avec le nylon ? la laine ? la soie ? le coton ? le fer ? le bois ? l'aluminium ?
A quoi sert un ascenseur ?
Avec quoi vous lavez-vous les dents ? la figure ?
Que faites-vous avec votre serviette de toilette ?
Avec quoi mangez-vous le potage ? la viande ?
Avec quoi faites-vous vos paquets ?
Aimez-vous le cinéma en couleur ? Avez-vous un phono ? Que mettez-vous dessus ?

5. Mettez : *poste, adresse, dactylo, acheter, téléphone, taper, lettres, levée :*

Le Directeur a fait venir sa ... pour lui ... son courrier.

Je me dépêche d'aller porter mes ... à la ..., la ... a lieu à 4 heures. Il faut aussi que je pense à ... des timbres.

Où habitez-vous ? Pouvez-vous me donner votre ... et votre numéro de ...

6. Mettez : *côté, distribution, communication, court, chance, paire, brosse, fil, réveille-matin, sonner, usé, essayer, gauche.*

Le téléphone s .... Voulez-vous prendre la co ... ?
Je n'ai pas de ch ... : mes chaussettes sont u ..., et je n'ai pas de f ... pour les réparer.
Pour ne pas être en retard, achetez-vous un bon r ... m ...
Le facteur n'a pas encore fait sa d ...
De quel c ... allez-vous ? A droite ou à g ... ?
Combien coûte cette p ... de bas ? Et cette b ... à dents ?
J'ai e ... mon nouveau costume. Il me va bien.
Mais la veste est un peu c ...

7. Ecrivez : *je, tu, etc. :*

Je *prends* du papier à lettres et j'*écris* à mes parents.
Je *vais* chez le libraire et je lui *achète* un livre.
J'*attends* mon courrier.
Je *couds* un bouton à mon manteau.
J'*offre* des fleurs.
Je *cuis* un œuf au plat.
Je *vis* au jour le jour.
Je ne *plais* pas à mon patron.
Je *mange* de la soupe tous les soirs.
Je *recommence* cet exercice mal fait.

8. Mettez *les verbes du n° 7 à l'imparfait :*

Je *prenais* du papier à lettre... ; tu *prenais...*
Puis au *passé composé :*
J'*ai pris* du papier à lettres... ; tu *as pris...*
Puis au *futur :*
Je *prendrai* du papier à lettres... ; tu *prendras...*

9. Mettez : *à l'imparfait :*

Je me *lave* tous les matins à l'eau froide.
J'*arrange* des fleurs dans un vase.

Je *dis* à mon coiffeur de faire attention.
Je *vois* le facteur faire sa distribution.
Je *veux* écouter la radio.
Je n'*ai* pas toujours raison.
Je *fais* un petit tour après déjeuner.
Je *finis* de m'habiller.
J'*écris* deux lettres chaque jour.
J'*apprends* le français depuis deux mois, mais je ne le *sais* pas encore très bien.

10. Mettez : *tu te lavais tous les matins, il se..., etc.*

11. Mettez les verbes au **futur antérieur :**
Quand vous *(apprendre)* toutes vos leçons, vous saurez le français.
Quand il nous *(écrire)*, nous irons le voir.
Quand elles *(se lever)* et qu'elles *(faire)* leur toilette, elles viendront déjeuner.
Nous *(retenir)* vos places, quand vous arriverez au théâtre.
Tu *(ne pas attendre)* longtemps avant de lui dire ta pensée.
Il partira de chez lui, quand nous lui *(téléphoner)*.
Quand cet enfant *(manger)* sa viande, il aura du dessert.
Je passerai mon veston, quand je *(mettre)* mon pantalon.
Le coiffeur me rasera, quand il me *(couper)* les cheveux.
Quand vous *(acheter)* ces disques, vous pourrez me les prêter.

12. Mettez : *le subjonctif (que j'accompagne, que tu..., etc.).*
Il faut que *(accompagner)* ma femme au marché.
Il faut que *(se presser)* de finir ce travail.
Il faut que *(offrir)* un disque de musique à Hélène.
Il faut que *(coudre)* un bouton à ma culotte.
Il faut que *(se cuire)* un bon bifteck.
Il faut que *(essayer)* mon complet demain.
Il faut que *(plaire)* à mes nouveaux patrons.

13. Mettez : *lequel, laquelle, etc.*
Voici le stylo, avec ... j'écris d'habitude.
Tu m'achèteras deux valises, avec ... je partirai en voyage.
Il y a des appareils de téléphone, dans ... on n'entend rien.
Vous avez là une machine à écrire, sur ... vous pouvez taper pendant des années.
Les chaussures, avec ... vous avez marché tout l'hiver, sont usées.
Passez-moi la casserole, dans ... vous avez fait cuire vos légumes.
Avez-vous vu les ciseaux et la tondeuse, avec ... le coiffeur nous a coupé les cheveux ?

14. Mettez : *ne... pas.*
Porte cette lettre à la poste.
Coupez-moi les cheveux plus courts, s'il vous plaît.
Pressez-vous de manger votre repas.
Appelez-le au téléphone demain.
Changez de robe pour dîner.
Racontez-lui cette histoire.
Envoyons-lui une longue réponse.
Ecoute donc la radio.

15. Mettez : *le mien, le tien, le nôtre, etc.*
Je vous ai donné mon adresse ; écrivez-moi la ..., s'il vous plaît.
J'ai déjà mes billets de train ; toi, tu n'as pas encore pris les ...
Mettez votre manteau ; Robert, lui, a oublié le ...
Ils m'ont montré leur poste de télévision. Le mien est meilleur que le ...
Nous, nous apporterons nos assiettes. Vous, vous apporterez les ..., et eux, les ...
Je n'aime pas beaucoup ma robe. Où avez-vous acheté la ... ? Je la trouve plus jolie que la ...
J'ai une chemise en coton. Fais voir la ... : n'est-elle pas en nylon ? C'est plus solide, je crois : Etienne a acheté la ..., l'an dernier. Elle n'est pas aussi usée que la ...

16. Complétez :
Pendant la nuit c'est la ... qui éclaire la terre.
Les hommes préfèrent les bl ... mais ils épousent les br ...
Le drapeau français à trois couleurs : il est ...
Un ami vrai ne donne que de bons c ...
As-tu gagné aux courses de chevaux ? Non, je n'ai jamais vu de c ...
Je ne peux plus mettre cette veste. Tu as pris du v ... Tu n'es pas aussi m ... qu'avant les vacances !
La couleur de ce ti ... ne me pl ... pas. Montrez-moi quelque chose de plus clair, pour un complet d'été.

17. Mettez : *à, après, avant, dans, de, en, par, pour, sur.*
Le garçon est ... votre service.
... l'heure, ce n'est pas l'heure ; ... l'heure, ce n'est plus l'heure.
Il faut faire plaisir ... votre mère.
Combien gagnez-vous ... an ?
Quel âge a votre fils ? Il va s... ses 18 ans.
Il est temps ... se mettre ... table.
On en a toujours ... son argent.
Avez-vous du linge ... couleur ?
Savez-vous prendre le courrier ... sténo ?
Revenez me voir ... une quinzaine.

141

Dans le cabinet du médecin (ou : la consultation)
Si tu *écoutes*... tu *iras*...

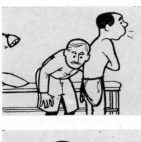

— Docteur, depuis trois mois, je cherchais du travail. Enfin j'en ai trouvé hier, mais il me faut un **certificat médical.**

— Bien. Déshabillez-vous. Otez votre veste et votre chemise. **Respirez** fort. Comptez : 33, 34...

— 33, 34, 35...

— **Toussez.**

— Rien à la **poitrine,** docteur?

— Non. Maintenant, voyons le cœur. Oh! ce n'est pas aussi bon. Vous fumez?

— Oui, docteur.

— Plus de tabac! *Si vous fumez* trop, ça *ira* mal!... Pendant trois mois, il faut que vous alliez au **dispensaire** de votre usine : on vous fera quelques **piqûres** (f.). Maintenant, couchez-vous sur le dos... Ah! vous avez le ventre un peu dur.

— Oui, j'ai souvent mal au ventre.

— Et à la tête?

— A la tête aussi. Est-ce sérieux? Est-ce que je suis très malade?

— Non, mais faites attention : ne mangez pas trop de **graisses** (f.). Ne buvez pas trop de vin... Tirez la langue... oui, justement; elle est blanche. Voyons les **yeux...** Votre **vue** est très bonne. Allons! vous n'êtes pas **aveugle!** ni **sourd,** ni **muet,** vous avez le **corps** solide, vous pouvez travailler.

— Oui, mais j'ai peur à cause du cœur...

— Oh! vous ne **mourrez*** pas demain, vous avez tout de même une bonne santé, vous n'êtes ni trop **maigre,** ni trop **gras.** Et vous **vivrez*** cent ans, *si vous suivez** les conseils de votre médecin. Je vais vous donner le certificat que vous avez demandé.

Si tu *écoutes* ton médecin, tu *iras* mieux.

Un homme gras, une femme gras*se*.

Vivre jusqu'à cent ans !

— Docteur, que faut-il faire, si je veux vivre jusqu'à cent ans ?

— Suivre les conseils de votre médecin. Mais si vous ne l'écoutez pas, tant pis pour vous.

— Je suis donc malade, docteur ?

— Nous verrons cela dans un moment ; mais avant, je vous demanderai de répondre à quelques questions.

— Oui...

— Est-ce que vous mangez beaucoup de viande ?

— Non : je ne mange que des légumes cuits à l'eau.

— Buvez-vous de l'alcool ?

— Jamais : il fait perdre la tête.

— Et du vin ?

— Pas de vin non plus. Pas de bière. Rien que du lait et de l'eau.

— Est-ce que vous fumez ?

— Non. Le tabac est mauvais pour le cœur.

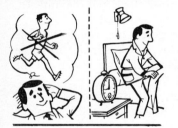

— Faites-vous de la course à pied ?

— Cela aussi fatigue le cœur.

— Allez-vous danser quelquefois la nuit ?

— Je me couche tous les soirs à 9 heures.

— Ni bons repas, ni petits verres, ni tabac, ni sports ? Mais alors, pourquoi voulez-vous vivre jusqu'à cent ans ?

* *

— Je ne sais pas ce que j'ai, la poitrine me fait mal, j'ai mal dans le dos, quand je respire. Je suis bien malade !...

— Penses-tu ! Écoute, va voir mon médecin, il est excellent. Mais n'attends pas ; si tu y vas tout de suite, tu seras guéri ! Moi, il me reçoit avec le sourire, il me demande des nouvelles de ma famille, de mon travail, puis il me raconte son dernier voyage, et le roman policier qu'il est en train de lire. Et quand enfin il me demande « Alors, mon vieux, qu'est-ce qui ne va pas ? », eh bien, je ne sais plus pourquoi je suis allé le voir, je me sens un homme fort et gai !

— Mais... tu paies quand même la consultation ?...

* *

— Je vois des **points** noirs...

— Tu as vu un **oculiste ?**

— Non, mais je vois des points noirs.

(D'après *Noir et Blanc*, G. PAOLI.)

143

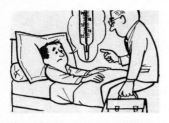

— Alors, cher monsieur, qu'est-ce que c'est?

— Docteur, je tousse beaucoup.

— Un petit **rhume**, sans doute. Ce n'est pas grave. Vous avez pris froid?

— Je ne sais pas. J'ai mal à la **gorge** aussi, et j'ai de la **fièvre**.

— Quelle **température** ?

— Hier soir 39. Ce matin 38,5.

— Vous avez bien fait de rester au lit. Montrez-moi votre gorge. Ouvrez la **bouche...** Oh ! que vos **dents** (f.) sont mauvaises ! Il faudra aller chez le **dentiste...** Ouvrez la bouche, dites : « Ah ! »

— Aaaaaah !

— Mais ne **remuez** donc pas comme ça. Je ne vous fais pas mal !

Vous avez la gorge très rouge. Voyons les oreilles. Bon. C'est surtout la gorge qui est malade. Il faut rester au lit quatre jours.

— Mais, docteur, j'ai du travail !

— Voulez-vous **guérir** ou non? Si vous voulez guérir, il faudra suivre mes conseils (m.). Je vous fais une **ordonnance,** que vous enverrez au **pharmacien.** Vous allez prendre ce **médicament** : trois **gouttes** (f.), matin, midi et soir. Dans huit jours, vous pourrez sortir, mais pas avant. *Si vous sortiez* avant, vous *tomberiez* malade sérieusement, cette fois ! Allons, je reviendrai vous voir après-demain, et je vous **vaccinerai** contre la fièvre typhoïde ! Si ça ne vous fait pas de bien, ça ne vous fera pas de mal !

[*demain*] je mange**rai**, tu mange**ras**, il mange**ra**, nous mange**rons**, vous mange**rez**, ils mange**ront**.

Le conditionnel

[*Si j'avais* du fromage] j'en mange**rais**, tu en mange**rais**, il en mange**rait**, nous en mange**rions**, vous en mange**riez**, ils en mange**raient**.

Entre malades...

Mme GERMAIN : — Vous toussez beaucoup : on dirait que vous avez un gros rhume ?

Mme GAUTHIER. — Je tousse depuis trois mois. J'irai voir mon pharmacien, il me donnera des gouttes.

— Si vous alliez plutôt voir votre médecin ? Ce serait utile, je crois.

— Mon médecin ? J'aimerais mieux en voir un autre.

— Pourquoi ? Vous n'êtes pas contente du docteur Legai ? Dans le pays on l'aime bien.

— Oh ! avec lui, personne n'est malade ! La dernière fois, il m'a ri au nez : « Ça se passera tout seul, avec deux jours de lit », m'a-t-il dit. Ce n'est pas comme ce jeune médecin, qui vient d'arriver de Paris...

— Le docteur Lesérieux ?

— C'est ça. Lui, il vous reçoit dans un cabinet plein d'appareils de toutes **sortes.** Il vous pose des questions sur les maladies que vous aviez quand vous étiez enfant. Il vous passe à la radio. Et après, il vous envoie vous reposer trois semaines à la montagne.

— Il paraît qu'il prend cher...

— Que voulez-vous ? Ce n'est pas un simple médecin de campagne : il a fait ses études à Paris. Et puis, la santé, ça n'a pas de prix...

Chez le dentiste.

— Docteur, j'ai très mal à cette dent !

— Voyons... en effet, elle est bien malade. Il faut que je vous **l'enlève.**

— Oh ! ça va me faire mal. Est-ce que vous ne pourriez pas la soigner ?

— Non, elle est trop mauvaise. Si vous la gardiez, vous ne seriez pas content, plus tard. Je vais vous faire une piqûre, et vous ne sentirez rien !

— Je sais, je sais, vous dites toujours ça... Aïe ! Aïe !

— Ça y est ! La voilà ! Regardez ! quelle dent !

— Mais... mais ce n'est pas celle-là qui me faisait mal : c'est celle d'à côté !

Hier je suis allé voir mon ami Jean à l'hôpital. On *m'avait* **prévenu*** que, deux jours avant, il *avait eu* [pron. *u*] un accident d'auto : avec sa voiture, il *avait* **accroché** un camion. Il a de nombreuses **blessures** : au bras droit, à trois **doigts** (m.) de la main gauche, et aux deux jambes (f.) : **genou** droit, pied gauche, sans compter quelques petites blessures au nez et au cou.

Quand je suis entré dans sa chambre d'hôpital, je ne l'ai pas reconnu d'abord. Sous les **pansements** (m.) on voyait juste un œil et sa bouche !

— Eh ! bien, mon vieux, ai-je dit, comment vas-tu?

— Pas trop mal. Mais j'ai passé deux mauvaises nuits et je me sens **faible**.

— As-tu perdu beaucoup de **sang** (m.)?

— Oui. Il a fallu me faire une **transfusion** aussitôt après l'accident.

— On t'a **opéré ?**

— Non, mais demain on fera une **radio** de la main gauche et on me coupera peut-être trois doigts.

— Heureusement que c'est la main gauche qui est blessée.

— Oh ! Tu sais, main gauche ou main droite, j'aimerais mieux garder tous mes doigts !

A ce moment une infirmière est arrivée :
— Allons, a-t-elle dit, c'est assez pour aujourd'hui. Votre ami est fatigué. Vous reviendrez demain si vous voulez.

Le plus-que-parfait

J'*avais* eu, tu *avais* eu, il *avait* eu, nous *avions* eu, vous *aviez* eu, ils *avaient* eu.

Hier on m'a emmené à l'hôpital : j'*avais eu* un accident *(avant-hier)*.

Lu dans le journal :

Accident étonnant, hier, sur la route nationale 7 : un camion de charbon roulait à 60 à l'heure. Tout à coup, il est passé sur le côté gauche de la route, puis sur le côté droit, enfin s'est jeté sur un mur. Le chauffeur n'a eu que de légères blessures. Il avait perdu le contrôle de sa direction à cause d'une **mouche** qui lui était entrée dans l'œil.

— Je crois que Jean restera longtemps à l'hôpital.
— Ah ! Tu as vu son médecin ?
— Non, mais j'ai vu son infirmière !

(D'après *Ouest-France.*)

Le directeur de l'école reçoit un coup de téléphone ; il répond : « Comment ? Vous dites que l'élève Pierrot a de la fièvre et qu'il ne pourra pas venir à l'école ? Mais qui est à l'appareil ?
— C'est mon papa, m'sieur ».

(D'après DANINOS, *Le tour du monde du rire*, Hachette.)

147

— Aimez-vous les sports?

— Beaucoup : je suis très **sportif**.

— Et quels sports **préférez-vous ?**

— *Ceux des* gens riches ! Si j'étais riche, je ferais du cheval, de l'avion. Mais pour cela il faut trop d'argent ! Alors, je fais un peu de bicyclette. Chaque année, par exemple, Pierre et moi, nous suivons en auto le « Tour de France ».

— En auto?... Ah ! ce n'est pas fatigant... Et ça vous **amuse** de faire 5 000 kilomètres derrière tous ces dos, derrière tous ces numéros?

— Oh ! on voit autre chose que des dos et des numéros !

— Mais enfin, vous faites là du **tourisme** plutôt que du sport.

— J'aime aussi la **boxe,** à la télévision.

— Vous avez gagné des **matches ?**

— Non. Je ne **me bats*** jamais.

— Il faut du **courage** pour se battre... Les coups de **poing** ça fait mal, n'est-ce pas?

— Si on me frappait sur le nez, mon sang coulerait tout de suite.

— Vous avez raison de ne pas vous battre. Mais alors, si vous êtes sportif, que « faites-vous » au juste ?

— Eh ! bien, je **pêche** à la ligne. Comme sport, c'est *celui que* j'aime le mieux.

— Ah ! vous aimez la **pêche.** Vous êtes **pêcheur.** Ça, c'est un sport tranquille ! Vous ne chassez pas ? Ça vous donnerait du **mouvement...**

— Non, justement. Il faut marcher, courir, **sauter.** Je n'aime pas la chasse, ni les chasseurs...

Voilà le livre de Jean; voilà *celui de* Pierre.	Voilà *celui qui* me plaît le mieux
La cravate de Jean; *celle de* Pierre.	*celle qui* me plaît le mieux
Les livres de Jean; *ceux de* Pierre.	*ceux que* j'aime le mieux.
Les cravates de Jean; *celles de* Pierre.	*celles que* j'aime le mieux

Un garçon *sportif;* une fille *sportive*
V. couler : Je *tourne* le robinet : l'eau *coule.*

Le poisson et l'oiseau.

L'OISEAU. — Comme ils sont heureux, les hommes !

LE POISSON. — Je ne trouve pas.

— Ils vont ici, ils vont là. Ils entrent, ils sortent. Ils sont libres, quoi...

— Libres d'aller à leurs bureaux, oui ; ils y passent toute la journée !

— Ils fument des cigarettes...

— Ça, ça sent plutôt mauvais.

— Ils vont au café...

— C'est pour lire les journaux. Ils sont tout le temps le nez dedans, à chercher les mauvaises nouvelles.

— Mais nous, les **animaux,** nous avons nos **malheurs** (m.) aussi : la chasse tue les oiseaux...

— La pêche tue les poissons...

— Pourtant c'est sûrement agréable de passer son dimanche au bord de l'eau, avec une ligne dans les mains...

— Ah ! ne parle pas de la pêche à la ligne, ou bien, moi, je vais acheter un **fusil !**

L'argent et les coups.

L'ENTRAINEUR. — Plus vite, ton gauche.

LE BOXEUR. — Une minute, patron. Laissez-moi respirer.

— Tu veux gagner, dimanche ?

— Naturellement.

— Alors, n'oublie pas : plus que quatre jours pour te préparer.

— Dites, patron, c'est vrai que si je battais Kid Carter, je serais **champion** du monde ?

— Tu le seras.

— Pas sûr. C'est un dur, le Kid. Il a 10 centimètres de plus que moi. Il pèse 2 kilos de plus.

— Il a 10 ans de plus aussi.

— C'est celui qui a gagné le plus de matches.

— Ça l'a usé. Regarde son nez : une pomme de terre ! Et son œil gauche : toujours à moitié écrasé. A ta place, dimanche, je lui mettrais mon poing dans l'autre œil...

— Plus facile à dire qu'à faire...

— Et puis, tu sais : 10 000 francs pour celui qui gagnera.

— Là-dessus, combien pour moi ?

— Tu auras 5 000 francs.

— Seulement ?

— Eh ! tu ne peux pas tout recevoir : l'argent et les coups...

149

Les sports (II) – Si j'avais joué, j'aurais gagné.

Le match de **football** *Paris-Strasbourg*
(entendu à la Radio).

(15 heures) : « Mesdames, Mesdemoiselles, Messieurs, les deux **équipes** (f.) entrent sur le **terrain.** Les Parisiens jouent à droite, **maillot** bleu, culotte blanche, les Strasbourgeois jouent à gauche, maillot rouge, culotte noire. **Arbitre :** M. Williams, Anglais. Dès le **début** de la **partie,** le Parisien Lemire prend le ballon, descend vers Strasbourg et... oh ! quel coup de pied, mes amis !... Mais Lemire était trop loin du but et Kléber, de Strasbourg, le **gênait.** *S'il avait passé* le ballon à Martin, Paris *aurait* **marqué** un **but.** Berger, qui garde les buts de Strasbourg, a été très rapide...

Après ce coup manqué, Berger **dégage** et envoie le ballon à Kléber, qui descend vers Paris... Ah ! Kléber a passé le ballon à Lefèvre, **intérieur droit** de Strasbourg. Leblanc **essaie** d'arrêter Lefèvre... Attention, Paris !... Ça y est !... Le premier but est pour Strasbourg ! »

. . . .

(16 h 15) : « Chers **auditeurs,** je vous rappelle que nous en sommes à 3 buts pour Strasbourg, 0 pour Paris ; l'arbitre a sifflé 2 fautes à Paris et Strasbourg a marqué deux nouveaux buts sur coup franc.

La partie va finir dans un quart d'heure. Paris gagnera-t-il maintenant ? C'est bien difficile, mais pas impossible... Ah ! voilà Lemire qui descend vers Strasbourg, Kléber essaie de lui prendre le ballon. Mais cette fois, Lemire passe à Leblanc, qui passe à Martin... Et c'est un **magnifique** coup de pied de Martin, qui envoie le ballon dans le **filet.** On crie : Bravo !... Mais M. Williams siffle la fin de la partie : Strasbourg bat Paris par 4 à 1. »

LE CONDITIONNEL PASSÉ

[*Hier*, si j'avais joué,] j'*aurais* gagné, tu *aurais* gagné, il *aurait* gagné, nous *aurions* gagné, vous *auriez* gagné, ils *auraient* gagné.

Conversation   **CINQUANTE ET UNIÈME LEÇON**

Tennis

— Alors, tu as gagné ?

— Non, j'ai perdu.

— Contre Vincent ? Tu l'as déjà battu trois fois !

— Je l'aurais encore battu aujourd'hui, si je n'avais pas joué seul contre deux.

— Comment cela ?

— L'arbitre, mon vieux ! Toujours l'arbitre ! Toutes les fois que je mettais une balle sur la ligne, il criait : « Dehors ! »

— Il ne fallait pas te laisser faire.

— Tu sais comment ça se passe. Personne ne veut jamais être arbitre. Nous avions donc pris le premier venu : un petit vieux à gros ventre, qui sûrement n'avait jamais mis les pieds sur un terrain de tennis.

— Tu ne lui as pas demandé : « Connaissez-vous le jeu ? »

— Si, mais j'aurais mieux fait de me taire : ma question ne lui a pas plu. La troisième fois qu'il **s'est trompé**, je lui ai crié : « Achetez donc des lunettes ! »...

— Et qu'a-t-il répondu ?

— « Achetez-en donc, vous ! Si vous en aviez, vous verriez peut-être mieux les lignes. »

— Et Vincent, qu'est-ce qu'il a dit à la fin de la partie ?

— Qu'il n'avait jamais vu un aussi bon arbitre. Et l'autre était content, tu penses !

*
* *

— Ah ! monsieur Martin, vous allez mieux ? Vous avez suivi mon ordonnance.

— Ah ! non, docteur. Si j'avais suivi votre ordonnance je me serais cassé le cou.

— ?...

— Oui, le vent l'a emportée par la fenêtre.

151

EXERCICES
(Leçons 47 à 51)

1. Lisez et écrivez : *Du rugby à la boxe.*

« Si tu viens avec moi, tu verras un beau match », m'avait dit mon frère.

Je n'avais jamais beaucoup aimé le rugby. J'en avais bien vu quelques parties, mais à la télévision seulement. J'avais donc accompagné mon frère au terrain de sport.

Le début du match avait été intéressant : le ballon volait de main en main, les mouvements des joueurs étaient très rapides. Mais au bout d'un quart d'heure, la pluie s'était mise à tomber : les maillots s'étaient salis, les joueurs, en colère, se donnaient coups de pied et coups de poing. Ce n'était rien encore. Si vous aviez vu et entendu ceux qui regardaient !... ils criaient, ils sifflaient, ils jetaient leur chapeau en l'air ou tapaient sur l'épaule de leurs voisins. Il y en avait même qui se battaient !

Pour un beau match, c'était un beau match : boxe sur le terrain, boxe sur les bancs. Et moi qui étais venu voir jouer au rugby !

2. Mettez : *des.*

Un certificat médical ; un œil bleu ; un hôpital neuf ; un garçon ; un animal ; un bureau de placement ; un tribunal ; un train omnibus.

3. Mettez : *de, de la, du, à la, au.*

Faire ... football ; faire ... boxe ; jouer ... tennis ; une partie ... rugby ; le champion ... monde ; le champion ... France ; pêcher ... ligne ; faire ... tourisme ; une équipe ... football ; un certificat ... médecin ; avoir mal ... gorge ; un match ... rugby ; un coup ... poing ; une auditrice ... radio.

4. Suivez les 3 exemples :

Si *je sors* ..., *j'aurai* froid.
Si *je sortais* ..., *j'aurais* froid.
Si *j'étais sorti* ..., *j'aurais eu* froid.

Si je (*suivre*) les conseils du médecin, je (*guérir*).
Si tu (*tomber*) malade, tu (*entrer*) à l'hôpital.
S'il (*faire*) du sport, il (*se porter*) mieux.
Si elle (*avoir*) de la température, elle (*prendre*) un médicament.
Si nous (*trouver*) un bon arbitre, nous (*faire*) une partie de football.

Si vous (*fumer*) moins, vous (*respirer*) plus facilement.
S'ils (*courir*) plus vite, ils (*sauter*) plus loin.
Si elles (*soigner*) mieux leurs dents, elles (*être*) plus jolies.
Si je n' (*avoir*) pas mal aux genoux, je (*jouer*) au tennis.
Si tu (*aller*) à la chasse, il te (*falloir*) un fusil.
Si l'arbitre (*siffler*) une faute, les deux équipes (*s'arrêter*) de jouer.
Si nous (*se déshabiller*) en plein air, nous (*prendre*) froid.
Si vous (*passer*) vos vacances au bord d'une rivière, vous (*aller*) à la pêche.
Si elles (*tousser*), elles (*demander*) une consultation au médecin.

5. Ecrivez : *J'irais, tu...,* etc. :

puis : *Je serais allé, tu...,* etc. :

Aller chez le médecin et *obéir* à ses conseils.
Ne pas *pratiquer* la boxe, mais *faire* de la course et du saut.

Ecrivez : *hier, je m'étais levé,... puis : tu,* etc. :

Se lever de bonne heure, *faire* sa toilette et *s'habiller* rapidement, puis *prendre* son petit déjeuner et *aller* faire une promenade à bicyclette.

6. Écrivez : *J'ai vu, tu...,* etc., puis : *j'avais vu, tu...,* etc.

Voir un film amusant et *rire* de bon cœur.
Reconnaître un vieil ami, *l'appeler* et *boire* un verre au café avec lui.
Avoir froid aux mains et *remuer* les doigts pour se réchauffer.
Se faire opérer à l'hôpital.

7. Répondez :

Quand allez-vous chez le médecin ? Qu'est-ce que vend le pharmacien ? Qui soigne les dents ? Qu'est-ce qu'un aveugle ? Qu'un sourd-muet ? Connaissez-vous des maladies graves ? Que portent les gens qui ont mal aux yeux ? Est-ce que vous fumez beaucoup ? Le tabac est-il dangereux pour la santé ? Auriez-vous peur d'aller à l'hôpital, si vous étiez blessé ?

152

8. Répondez :

Quels sports aimez-vous le mieux ? Quelles sont les couleurs de votre équipe ? Allez-vous souvent voir des matches de football ?

Avec quoi se bat le boxeur ? Que se met-il autour des mains ?

Quelle est votre bras le plus fort ?

Connaissez-vous· des sports dangereux ?

Combien de joueurs y a-t-il dans une équipe de football ? de rugby ? de basket-ball ? de volley-ball ?

Combien de temps dure une partie de football ? de rugby ? de basket-ball ?

Avec quoi l'arbitre arrête-t-il le jeu ?

9. Mettez les mots 'qu'il faut :

(ôter, gorge, ordonnance, piqûre, grave, mal, devoir, chemise, infirmière, poitrine, médecin, respirer, veste, pharmacien, consulter, rhume, se sentir, médicaments.)

L'an dernier, je ne me s ... pas bien. J'étais allé c ... un m ... « Où avez-vous m ... ? », m'avait-il demandé. « A la g ... et à la p ... », avais-je répondu.

Il m'avait alors fait ô ... ma v ... et ma ch ...
Puis il m'avait écouté r ...

« Ce n'est pas g ... : vous avez un gros rh ... », avait-il dit. « Voici une o ..., que vous porterez chez le ph ... Vous prendrez ces m ... 3 fois par jour, et une in ... vous fera 2 p ... par semaine. »

— Est-ce tout ? avais-je encore demandé ?

— Non : vous me d ... aussi 20 francs.

10. Mettez les mots qu'il faut :

(bonne, dangereux, coureurs, suivre, besoin, cœur, malade, faire, nez, sourds, fois, marcher, sportif, aveugles, lancer, courir, se tuer, mouvements, attention, médecin, garder, boxeurs.)

Nous avons b ... de f ... du sport, pour être en b ... santé.

Mar ..., co ..., la ..., sont de bons m ... pour la santé.

Mais le vrai sp ... doit faire at ... Il est da ... de ne pas g ... la mesure. Certains box ... ont le nez écrasé; d'autres sont devenus av ... Des nageurs sont devenus so ... Des co ... à pied ont trop fatigué leur cœur. Il faut donc consulter le m ... au moins 2 f ... par an et s ... ses conseils, si on ne veut pas tomber m ...

11. Écrivez : *une...*

Un infirmier, un ouvrier, un vendeur, un directeur, un employé, un épicier, un auditeur, un coiffeur, un sportif, un boulanger.

12. Écrivez : *une chose.*

Gras, mou, léger, plein, dangereux, lourd, neuf, vide, dur.

13. Mettez les mots qu'il faut :

La ligne droite est le plus court chemin d'un p ... à un autre.

Qui soigne les yeux ? C'est l' ...

Ce monsieur n'est pas commode : il ne veut coucher que dans des hôtels de premier o ...

J'ai consulté des médecins de toutes s ...; aucun n'a trouvé la cause de mon mal.

Quel silence! on pourrait entendre une m ... voler.

Un vrai ch ... est toujours prêt à se battre à nouveau.

14. Mettez : *celui de, celle de.., etc., celui qui, celle qui..., etc.*

Voilà mon maillot; voilà ... Pierre.

Elle a de beaux yeux; mais je préfère ... sa sœur.

... n'est pas sportif a souvent une mauvaise santé.

Les omelettes que je préfère, ce sont ... ma femme me fait.

Regardez jouer l'équipe de Paris, elle est beaucoup plus forte que ... Marseille

... vous entendez siffler, c'est l'arbitre.

... ne voient pas bien vont chez l'oculiste.

La meilleure radio n'est pas ... a le plus grand nombre d'auditeurs.

Les mots les plus utiles sont ... nous apprenons d'abord.

Faites-moi voir vos lunettes : elles sont beaucoup plus fortes que ... mon père.

J'ai deux jupes; je ne sais pas ... je vais mettre aujourd'hui.

Les dactylos les plus jolies ne sont pas toujours ... travaillent le mieux.

153

— Allez-vous quelquefois au théâtre?

— C'est rare.

— *Pourquoi ?*

— *Parce que* la pièce est rarement bonne. Alors, j'aime encore mieux la télévision !

Mais dans notre ville nous entendons souvent de la bonne musique, car de grands artistes viennent ici chaque mois, pour y donner des **concerts** (m.), du **chant** ou des **spectacles** (m.) de **danse** (f.).

— Ça, c'est de l'**art** (m.). Mais, moi, je vais au cinéma, tout simplement ! La salle de « Belles Images » est fraîche l'été, chaude l'hiver. Et les **ouvreuses** sont gentilles avec moi.

— Tiens, tiens... *pourquoi* donc?

— *Parce que* je leur donne de bons pourboires ; et elles m'**installent** toujours à une place **confortable**.

— Et les films, ils sont bons?

— Les meilleurs de la ville, les plus intéressants. Très souvent ce sont des films amusants, des films **drôles**, qui font rire.

— Moi, quand je vais au cinéma de mon quartier, je ne manque pas d'acheter mon tabac et mes allumettes au petit café, à côté du cinéma. Mais souvent j'y retrouve des camarades avec qui je fais une partie de **cartes** (f.). Le **garçon de café**, Albert, est notre meilleur arbitre. Alors, ce soir-là, adieu le cinéma !

— J'ai invité Pierre.

— *Pourquoi ?*

— *Parce qu'*il *est* bon camarade.

— Moi, j'ai invité Jean.

— *Pourquoi ?*

— *Pour qu'*il *soit* moins seul aujourd'hui dimanche.

« Faust » en japonais

MONSIEUR. — Tiens, tu as mis ta jolie robe bleue. Pourquoi cela ?

MADAME. — Parce que je voudrais que tu m'emmènes au théâtre, ce soir.

— Encore sortir ! Tu n'es donc jamais fatiguée ?

— Si : de rester toute la semaine entre les quatre murs de l'appartement.

— Alors, sortons ! Mais allons plutôt au cinéma.

— Toujours le cinéma ! Moi, je voulais aller à l'Opéra.

— Tu sais bien que je n'aime pas beaucoup le chant.

— Tu écouteras la musique.

— Et qu'est-ce qu'on joue ?

— *Faust.*

— *Faust* ! Nous l'avons entendu dix fois déjà.

— Oui, mais jamais encore en japonais...

— En japonais ?

— Oui, ce sont les chanteurs de l'Opéra de Tokyo qui viennent ce soir chanter à Paris. Ils sont très bons, tu sais.

— Mais je ne comprends pas le japonais !

— Justement. Tu **répètes** toujours que, dans **Faust,** ce sont les paroles qui ne **valent*** rien. Ce soir, elles ne te gêneront pas pour écouter la musique.

*
* *

— Je n'irai plus jamais dans ce petit cinéma !

— Pourtant les places n'y sont pas chères et les films qu'il donne sont bons.

— Peut-être, mais je n'ai rien vu !

— Pourquoi ça ?

— Au début de la séance, je me suis assis comme d'habitude au fond de la salle ; mais, comme le son était mauvais et que je n'entendais rien, j'ai changé de place tout de suite. Mais voilà qu'une dame arrive et s'installe devant moi avec un grand chapeau à plumes.

— Il fallait changer de place encore une fois.

— C'est ce que j'ai fait.

— Je m'installe à côté d'un petit garçon, mais au bout de cinq minutes je me suis levé et je suis sorti du cinéma !

— Pourquoi ?

— Parce que le petit garçon mangeait des bonbons et **s'essuyait** les doigts sur ma veste !

155

LABOURER

SEMER

FAUCHER

— Ainsi, tous ces **champs** (m.) sont à vous?
— Oui, 120 **hectares** (m.). Ça donne du travail. On est occupé en toute saison, sauf en hiver. Il faut **labourer, semer,** et quand le **blé** est **mûr,** faire la **moisson** (**faucher,** couper le blé).
— Qu'est-ce que vous **récoltez** chaque année?
— 3 600 **quintaux** de blé. Il *est acheté par* les **cultivateurs** de la région.
— Ils ne font donc pas de blé?
— Non : ils élèvent beaucoup de bœufs.
— Vous vendez votre blé en **grains** ou en **farine ?**
— En grains. Les paysans d'ici le donnent à leurs poules. Je fais aussi un peu d'**avoine** (f.) pour mes chevaux.
— Vous n'avez pas de **vignes** (f.)?
— Non, l'hiver est trop froid. Mais j'ai des pommes pour faire du **cidre.**

— Travaillez-vous seul, ou *êtes-vous aidé?*
— Je *suis aidé par* mon fils et *par* sept ouvriers **agricoles.** Mais, en été, au moment de la moisson, j'ai dix ouvriers de plus. A ce moment-là, il faut battre le blé.
— Mais vous faites ça à la machine?
— Bien sûr : je coupe et je bats à la machine.
— Et pour labourer?
— J'ai quatre **tracteurs** (m.) et des **charrues** modernes. Mais elles peuvent *être* **tirées** aussi *par* des chevaux.

Le passif

Le cultivateur *est* aidé *par* ses fils.
Le cultivateur *sera* aidé *par* ses fils.
Les cultivateurs *ont été* aidés *par* leurs fils.
La paysanne *avait été* aidée *par* sa fille.

Conversation

Entre paysans.

— Alors, Mathieu, tu **as taillé** ta vigne ?
— Oui. Mais le travail n'est jamais fini dans notre métier. Quand les arbres ont été taillés, il faut encore labourer, ou semer, ou soigner les bêtes.
— Et nous ne sommes pas beaucoup aidés. A la dernière moisson, si tu ne m'avais pas donné un coup de main, jamais je n'aurais pu rentrer tout mon blé.
— C'est des choses qui ne sont jamais dites dans le journal. As-tu lu celui de ce matin ?
— Pas encore.
— Eh bien, tu regarderas en dernière **page**. Il y a un ingénieur agricole qui demande : « Où est-on le plus heureux, à la ville ou à la campagne ? »
— A la ville, ils font leurs 40 heures par semaine. Après l'usine ou le bureau, ils rentrent chez eux. Ou bien ils vont prendre un verre au café.
— Tiens, tu me donnes soif. Si on y allait aussi, boire un petit coup de blanc ?
— Tu as raison : un verre de vin, ça n'a jamais fait de mal à personne.

***

— Bonsoir Jean. Es-tu content de ta journée ?
— Très content. Je viens justement de rentrer du grand marché ! Quel monde ! On y vendait surtout des machines agricoles, mais moi, j'ai acheté un jeune cheval pour la charrue, pas cher du tout. Regarde-le !
— Il est vraiment beau et fort. Cependant pourquoi n'as-tu pas acheté plutôt un tracteur ? Le travail serait plus rapide, et tu n'aurais pas besoin d'avoine. Ah ! tu n'es pas moderne !
— Peut-être, mais j'aime les animaux, et l'avoine mangée par mes chevaux ne me coûte pas beaucoup. Et puis, un tracteur peut rester en panne **au milieu d'un champ**. Pas mon cheval !...

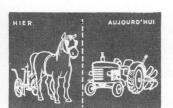

157

LEÇON 54

Les travaux à la campagne (II)
Il faut *que je sois aidé*
Le travail *se fait*
— *En travaillant*

— Vous avez vu mes champs. Venez maintenant voir ma **ferme.**

— Oh ! la jolie maison !

— Voilà ma femme qui vient. Jeanne, je te présente M. Henry, ingénieur agricole.

— Bonjour, monsieur.

— Ma femme s'occupe des petits animaux : poules, **canards** (m.), **lapins** (m.).

— Et des enfants?

— Et des enfants, et de la maison. Oh ! elle a à faire ! Moi *je suis aidé* ici *par* trois garçons de ferme qui s'occupent des vaches et des bœufs.

— Combien avez-vous de bêtes? .

— 22 vaches, pour le lait et les veaux ; 6 bœufs pour la viande.

— Mais, je ne les vois pas.

— Ils sont là-bas dans les **prairies** (f.).

— Vous avez une bonne **herbe ?**

— Oui, le pays est assez |humide ; il pleut souvent. Et l'herbe est bonne, **épaisse,** quand le vent ne **sèche** pas la terre.

— Mais il faut aller **traire** dans les prairies ! Ce n'est pas commode : vous perdez du temps *en allant* si loin.

— Les gens ici ont l'habitude. Ils vont traire matin et soir. J'ai **commandé** tout de même une machine électrique. Le travail *sera fait* (ou : *se fera*) plus rapidement. Et il y aura moins de fatigue pour mes garçons de ferme.

— Pour que vos bêtes *soient* bien **nourries,** il faut aussi du **foin ?**

— J'en récolte en été 2 000 quintaux si le temps est chaud et **sec.** Mais attention aux **orages** (m.) ! Il faut que le foin *soit rentré* à temps !

Il faut que *je sois aidé par* mes enfants - La moisson *se fait, se fera, s'est faite.*

Il chante *en travaillant.*
Nous *travaillons* — en *travaillant.* — Nous *finissons* — en *finissant.*
Prendre : nous p*renons* — en p*renant.*
MAIS : être - étant ; avoir - ayant ; savoir - sachant.

Entre paysans (fin).
(Le lendemain.)

— Alors, tu l'as lu, le journal d'hier ?
— Oui.
— Et qu'en penses-tu ?
— Que la vie est belle à la ferme, quand elle est racontée par un ingénieur agricole assis tranquillement dans son bureau.

— Il ne doit pas venir souvent à la campagne, celui-là. En le lisant, on croirait que nous n'avons rien à faire : le blé est fauché et battu à la machine...
— Les charrues sont tout s tirées par des tracteurs...
— Et nos femmes ont toutes des machines à laver !...
— Et puis, tu as lu : le soir nous écoutons la radio, nous regardons la télévision... Enfin, nous ne faisons pas grand-chose toute l'année !... Et le travail se fait comme ça, en dormant.

— C'est sûrement ce qu. croient les gens de la ville. En venant passer leurs v ances à la campagne, ils peuvent voir pourtant que nous ne nous reposons guère.

<center> *</center>*

— Comment, toi, à Paris ? Je te croyais installé à la campagne.
— Non, je n'y suis plus. Je suis rentré la semaine dernière.
— Alors, ça n'a pas marché, ta ferme ?
— Non, j'ai tout vendu. Pour qu'une ferme marche, il faut être un vrai fermier !
— Tu voulais tant aller vivre à la campagne !
— C'est vrai, mais j'en suis bien guéri. Quel travail, mon ami ! Pour avoir des œufs, il faut que les poules soient bien nourries, et il en faut, du grain ! Pour avoir de beaux lapins, il faut que tout soit nettoyé chaque jour ! Et pour traire le lait, quelle affaire ! Ma femme devait tenir la vache par la queue, pendant que mes fils la tenaient par les pattes.
— Tu aurais dû acheter une machine électrique.
— Elle m'aurait coûté plus cher que la vache !
— Je vois, je vois... Tu as bien fait de revenir à la ville pour retrouver ton bureau.

humide ≠ sec

La pluie mouille le sol. — Le soleil sèche la pluie.
[je sèche, nous séchons]

— *Est-ce que* vous aimez pêcher, monsieur?
— Vous me *demandez si* j'aime pêcher ! Et ces filets? Et ces lignes? Et ce petit bateau dans lequel je vais en mer, chaque semaine? Mais oui, j'aime pêcher.
— Vous êtes seul sur votre bateau?
— Non. Deux ou trois autres pêcheurs viennent avec moi. Ce sont de bons **marins**, adroits à **lancer** le filet ou la ligne. Et ils ont l'habitude de la mer, ils n'ont peur ni des orages, ni des **éclairs** (m.), ni du **tonnerre**, ni du **brouillard**.
— Le brouillard gêne pourtant beaucoup les marins, quand il est épais.
— Dame ! on n'y voit plus goutte ! Malheur à ceux qui ne connaissent pas la **côte** et les **fonds** (m.). Il faut faire bien attention en pêchant.
— Je me *demande pourquoi* vous pêchez par ici. On dit que le vent est trop fort sur ces côtes.
— Mais non. Une mer trop tranquille ne vaut rien pour la pêche. Est-ce que vous pêchez, vous?
— En mer, non. Je ne sais pas **nager**. Et puis j'ai le mal de mer. Mais je pêche au bord des rivières ou des **lacs** (m.).
— A la ligne, alors?
— Oui, à la ligne.

Est-ce que vous pêchez ? Je demande *si* vous pêchez.

Pourquoi pêchez-*vous* ? Je voudrais savoir *pourquoi vous* pêchez.

Il est dangereux de se coucher dans son lit...

LE PARISIEN. — Je me demande souvent si la pêche est un bon métier.

LE PÊCHEUR. — Ce serait un bon métier, si on pouvait sortir tous les jours. Mais en Bretagne le temps est souvent mauvais, surtout l'hiver.

— Qu'est-ce qui est le plus dangereux : le vent ? l'orage ? le brouillard ?

— Oh ! C'est de ne pas prendre de poisson ! Pas de poisson, pas d'argent pour nourrir les enfants.

— Et il y a longtemps que vous êtes marin ?

— On est marin de père en fils, dans la famille.

— Vous n'avez jamais eu d'accident ?

— Moi, pas encore. Mais, mon père...

— Que lui est-il arrivé ?

— Il est mort en mer. Et mon grand-père aussi.

— Comment, morts en mer, tous les deux ! Et tous les jours vous remontez sur votre bateau !

— Mais moi, si je vous demandais où votre père est mort, que me diriez-vous ?

— Je dirais qu'il est mort dans son lit.

— Et votre grand-père ?

— Dans son lit aussi.

— Eh bien, moi, à votre place, j'aurais peur de coucher tous les soirs dans mon lit !

L'amiral anglais Fisher n'était pas content parce que ses marins se battaient tous les jours avec les gens de la ville. Un jour il leur fait une petite conférence : « Si quelqu'un de la ville veut se battre avec un marin anglais, le marin n'a qu'une chose à faire : boire son verre et partir. Marin Smith, avez-vous compris ?

— Oui, amiral, je bois *son* verre, et je **me sauve**. »

(D'après Léon TREICH, *Histoires anglaises*, Gallimard.)

EXERCICES (Leçons 52 à 55)

1. Lisez et écrivez : *Au cinéma.*

Je ne sais pas si vous êtes comme moi : quand je vais au cinéma, c'est pour voir des choses amusantes.

Dans les films policiers, il y a toujours des gens qui sont tués. Dans les histoires d'amour, les artistes me font pleurer. Et les films faits pour instruire me font dormir.

Le dernier que j'ai vu montrait la vie à la campagne autrefois : les charrues étaient tirées par des bœufs ; les champs étaient semés à la main ; le blé était battu par les cultivateurs eux-mêmes ; il n'y avait ni tracteurs, ni machines à traire électriques ; et les paysans habitaient dans des fermes très pauvres, éclairées le soir par de simples lampes à huile.

C'était triste. Heureusement, à l'entracte, les lumières se sont rallumées. J'étais bien content de revoir l'électricité. Alors, je suis allé boire une bière et fumer une cigarette au café voisin. Ça a été le meilleur moment de la soirée.

2. Mettez : *à, avec, dans, de, depuis, devant, derrière, en, entre, par, pour, sans, sur.*

J'ai trouvé une lettre ... ma table. Elle a été écrite ... un ami, que je n'ai pas vu ... dix ans. Il y a un gros chien qui court ... moi. Je cours ... ne pas être mordu par lui.

Allez-vous ... l'usine ... auto ou ... vélo ?
Il n'est pas facile ... trouver un bon métier.
Si je vais ... la pêche ... ma femme ... elle ne cesse pas ... parler. Si j'y vais ... elle, le soir elle me fait la tête. Je suis pris ... deux feux.
Quand je suis ... mon auto, je regarde droit ... moi. Mais je m'occupe aussi ... ce qui se passe ... mon dos.
... notre famille, nous sommes ingénieurs ... père ... fils.

3. Répondez :

Est-ce que vous avez la télévision ? Pourquoi ?
Qu'est-ce que vous aimez mieux : le théâtre ou le cinéma ? Pourquoi ?
Pratiquez-vous la pêche à la ligne ? Pourquoi ?
Quel est l'artiste de cinéma que vous préférez ? Dans quels films l'avez-vous vu ?
Savez-vous danser ? Connaissez-vous des noms de danse ?
Savez-vous nager ? Pouvez-vous nager longtemps ?
Est-ce que vous jouez aux cartes ? Combien de cartes y a-t-il dans un jeu de bridge ?
Combien y a-t-il de pages dans ce livre ?

4. Votre pays produit-il du blé ? Si oui, combien de quintaux par an ? Combien cela fait-il de quintaux à l'hectare ? Combien de mètres carrés y a-t-il dans un hectare ?
Que fait-on avec la farine ?
A quoi servent l'orge et l'avoine ?
A quoi sert la charrue ? Qu'est-ce qui la tire ?
Quels animaux se nourrissent d'herbe ?
Que fait-on avec la vigne ? avec les pommes ?
A quelle saison le paysan laboure-t-il ? sème-t-il ? fait-il la moisson ?
Quelles sont les plantes qui poussent dans votre pays ?
Par qui le cultivateur est-il aidé ? Comment s'appelle sa maison ?
Avec quoi coupe-t-il son blé ?
Préférez-vous vivre à la ville ou à la campagne ? Pourquoi ?
Quel est le plus grand lac du monde ? Dans quel pays se trouve-t-il ? Quelle est sa surface ?
Quel est l'amiral anglais qui a battu Napoléon ? Où et en quelle année ?

5. Ecrivez : *Je suis soigné et guéri par un bon médecin, tu es soigné et g ..., etc...*

J'étais soigné et g ..., tu
Je serai soigné et g ..., tu
J'ai été soigné et g ..., tu
Il faut que je sois ..., il faut que tu ...

6. Complétez :

Le mé ... de paysan n'est pas très dr ... L'été il faut se l ... à 4 h ... du matin et se co ... seulement quand la mo ... est finie. En hi ..., il faut sortir par tous les te ... : même quand il y a de la pl ..., du br ..., ou du ve ... Il n'y a pas de di ..., pas de va ... : les bêtes ma ... tous les jours ; et il faut tr ... les vaches matin et s ...
Les pêcheurs tr ... dur aussi. Et ils courent beaucoup de da ... : quand il y a des or ... ou du br ..., les ba ... sont quelquefois jetés sur les cô ..., les marins to ... à la mer et meurent. Il faut aj ... qu'ils ne ga ... pas beaucoup d'argent : au fo ... des fi ... ou au bout des li ... ; il y a souvent peu de po ...
A la vi ..., les gens sont d'habitude plus he ...
La vie y est plus fa ... ; les us ... et les bu ... ferment souvent à 6 h ... du soir. Et après, on va au th ... ou au ci ...

162

7. Mettez au passif :

(Ex. : Le garçon de ferme *aide* le cultivateur :
le cultivateur *est aidé* par le garçon de ferme.)

Deux grandes artistes *ont donné* un concert dans
notre ville.
L'ouvreuse *m'a installé* à une bonne place.
Le paysan *coupe* et *bat* le blé en été.
Le cheval *avait traîné* la charrue toute la journée.
Les poules *mangent* beaucoup de grain et d'orge.
Le cultivateur *récolte* les pommes en automne.
Ma femme *m'a vu* au café.
Mon voisin *avait perdu* un paquet de cigarettes et
des allumettes.
Il faut que nos amis *voient* ce film si amusant.
Il faut que ce cultivateur paye bien ses ouvriers
pour qu'ils *l'aident* comme il faut.
Le pêcheur *aurait pris* beaucoup de poissons, s'il
avait jeté son filet à cet endroit.
Cette région *produira* beaucoup de blé, s'il fait
assez chaud cet été.

8. Remplacez : *quand je par : en + participe présent.*

Au café, quand je lis mon journal, j'aime bien
fumer une cigarette.
Vous avez une bonne place, au théâtre, *quand
vous donnez* un pourboire à l'ouvreuse.
Le pêcheur prend du poisson, *quand il lance son*
filet dans la mer
Les vaches produisent plus de lait *quand elles*
mangent de l'herbe épaisse.
Les paysans nourrissent facilement leurs bêtes
quand ils récoltent beaucoup d'avoine et d'orge.
Tu te fatigues beaucoup, *quand tu travailles* dans
un champ aussi grand.
Nous aimons tous être tranquilles, *quand nous*
entendons un beau concert.
On ne rit pas toujours, *quand on va* au cinéma.
Les enfants ont peur quand ils *entendent* le ton-
nerre.

9. Remplacez : *Est-ce que Paul est plus grand que
Jean ?* **par :** *Je me demande si Paul...*

Est-ce que le métier de paysan est plus dur que
le métier de pêcheur ?
Est-ce qu'il fera beau demain ?
En quel mois la moisson sera-t-elle mûre ? Combien
de jours faudra-t-il pour la couper ?
Comment fait-on sécher le foin ?
Est-ce que le blé pousse dans tous les pays ?
A quel moment de la journée préférez-vous écou-
ter la musique ?

Avec quoi nourrit-on les poules et les canards ?
Est-ce que les poissons de mer sont meilleurs à
manger que les poissons d'eau douce ?
Sur quel endroit de la côte allez-vous passer vos
vacances ?
Que ferons-nous dimanche prochain ?
Qu'est-ce qui a pu faire rire mes amis dans cette
pièce ?

10. Mettez : *le, la, un, une, de, du, au, etc.*

Je n'aime pas aller ... théâtre : il faut s'habiller.
Mais si je vais voir ... film, je peux garder mes
vêtements ... travail. Le plus souvent, je me
contente d'écouter ... radio ou de regarder ...
télévision, assis dans ... large fauteuil, fumant
... bonne pipe. Comme cela, je n'ai rien à payer
à ... caisse, et ... ouvreuse ne me tend pas ...
main pour avoir ... pourboire !

11. Accordez l'adjectif :

La vache est plus (gros) que la chèvre.
L'avoine est moins (cher) que le blé.
Le cidre, la bière, le vin sont de (bon) boissons.
Le riz pousse mal dans les régions (sec).
C'est au printemps surtout que les arbres sont
(beau).
Les pêcheurs mènent une vie (dangereux).
En Normandie, l'herbe est très (épais).
Je suis allé au théâtre la semaine (dernier). J'irai
au cinéma la semaine (prochain).
Ma femme a acheté une robe (blanc), une jupe
(bleu) et des souliers (noir).
Les pommes ne sont pas encore assez (mûr) pour
que les paysans les récoltent.

12. Répondez : 1) *parce que...*

Pourquoi les marins ne vont-ils pas en mer quand
il y a de l'orage ?
Pourquoi voit-on beaucoup de gens dans les cafés ?
Pourquoi y a-t-il partout moins de paysans qu'au-
trefois ?
Pourquoi peut-on chercher à changer de quartier ?
Pourquoi faut-il labourer les champs ?

2) *pour que...*

Pourquoi les paysans sèment-ils du blé et de l'orge ?
Pourquoi achetez-vous des allumettes ?
Pourquoi allez-vous au bord de la mer ? à la cam-
pagne ? à la montagne ?
Pourquoi faut-il faire la moisson par temps sec ?
Pourquoi faut-il tailler les arbres tous les ans ?

163

LEÇON 56

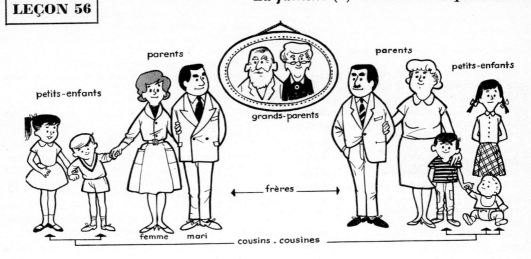

parents

petits-enfants

grands-parents

parents

petits-enfants

frères

femme   mari

cousins . cousines

— J'ai été invité à passer plusieurs semaines dans une famille française. Et je voudrais savoir *comment on nomme* en français les différentes sortes de **parents** (m.).

— Bon. Je vais vous dire ça. D'abord, vous comprenez les mots « père, mère, enfant » ?

— Oui.

— Vous savez que, en disant « mes parents », un Français veut dire « mon père et ma mère » ?

— Oui, je le savais déjà. Expliquez-moi *ce qu'*un enfant *dit* à ses parents, *comment* il les *appelle.*

— Eh bien, il dit : « papa, maman... » Le père est le mari de la mère. La mère est la femme du mari.

— Bon.

— Les parents disent de leur enfant : « mon fils » ou « ma fille ». Le fils est le **frère** de la fille. La fille est la **sœur** du fils.

— Et le père des parents, dites-moi *qui il est.*

— C'est le grand-père, mari de la **grand-mère**. Tous deux sont les **grands-parents** des **petits-enfants** : le **petit-fils**, la **petite-fille**.

— Et le frère de mon père, qui est-ce, en français ?

— C'est votre oncle, mari de votre **tante**. Vous êtes leur **neveu**. Votre sœur est leur **nièce**.

— Et leurs enfants, que sont-ils pour moi ?

— Ce sont vos **cousins** et vos **cousines**.

Qui est-ce qui viendra ? (ou : *qui* viendra ?) — Dis-moi *qui* viendra.

Qu'est-ce qui t'arrive ? — Dis-moi *ce qui* t'arrive.

Qu'est-ce que tu veux ? (ou : *que* veux-tu ?) — Dis-moi *ce que* tu veux.

La fête des oncles

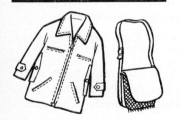

ANNETTE. — Dis-donc, Pierre, tu sais ce que maman m'a rappelé tout à l'heure ?

PIERRE. — Que c'est la fête des Pères, après-demain...

— Comment l'as-tu appris ?

— Maman me l'a rappelé hier, à moi aussi.

— Et qu'est-ce qu'on va lui offrir, à papa ? Une **boîte** de cigarettes ?

— C'est trop peu.

— Une **cravate** ?

— C'est trop difficile à choisir. Grand-mère lui en a donné une à Noël dernier : il ne la met jamais.

— Un **portefeuille** ?

— C'est déjà mieux. Mais n'est-ce pas cela que maman veut lui acheter ?

— Demandons conseil à grand-père. Il nous donnera de bonnes idées.

— J'aime mieux aller trouver tante Henriette : elle me dira ce qu'elle offre à notre oncle.

— J'ai déjà posé la question à notre cousine Denise.

— Et qu'a-t-elle répondu ?

— Que sa mère va acheter une veste de chasse à notre oncle.

— Et nos cousins, Denise et son frère, que vont-ils offrir à leur père ?

— Un beau sac de cuir pour aller avec la veste.

— Heureusement qu'il n'y a pas de « Fête des Oncles » ! Elle nous coûterait cher !

* *
*

Jean rentre à la maison et annonce :

— Je viens de me **fiancer** avec Simone.

— Mais elle n'a pas un sou, dit le père.

— Elle dépense tout, dit la mère.

— Elle n'aime pas les sports, dit le frère.

— Elle a le nez trop long, dit la sœur.

— Elle passe des heures à lire et à écrire, dit l'oncle.

— Elle s'habille mal, dit la tante.

— Peut-être, dit Jean. Mais elle a une grande **qualité** : elle n'a pas de famille.

(D'après *France-Dimanche*, François CHALAIS).

— Quel nom prennent les jeunes filles françaises quand elles se marient?

— Eh bien, si Mlle Martin épouse M. Dupont, elle devient Mme Dupont. Les enfants s'appelleront les petits Dupont.

— Dupont est leur nom de famille ?

— Oui. Autrefois, dans l'ancien temps, il n'y avait pas de noms de famille. Longtemps les Français *s'appelèrent* seulement André, Pierre ou Jean. Puis on *donna* des **surnoms** (m.). André « le grand », Pierre « la fleur »; et ces surnoms sont devenus peu à peu les noms de famille : Legrand, Lafleur. L'ancien nom (André, Pierre) est devenu le **prénom**.

— Comment les mariages ont-ils lieu en France?

— C'est le mariage **civil** qui **doit*** avoir lieu d'abord. Il se fait à la **mairie**. Puis, il y a généralement un mariage **religieux** à **l'église** ou au **temple**. Ensuite les parents offrent un déjeuner auquel ils invitent les amis, ou bien un **lunch**, comme disent les Anglais, repas froid l'après-midi. Enfin les mariés partent pour un petit voyage. C'est le **« voyage de noces »**.

Le Passé Simple
Autrefois, le Renard *invita* la Cigogne
invi**ter** : il invi**ta**, ils invi**tèrent**   fin**ir** : il fin**it**, ils fin**irent**

Je dois élever mes enfants, tu dois élever ..., il doit élever ...
Nous devons élever ..., vous devez élever ..., ils doivent élever ...

Le bonheur et les kilomètres

GILBERTE (16 ans). — Dis-moi, grand-mère : comment étais-tu habillée quand tu t'es mariée ?

GRAND-MÈRE. — En blanc, naturellement.

— Et grand-père, comment était-il ?

— Il avait un complet noir, avec une jolie cravate grise. Quand nous sommes sortis de l'église, tout le monde a battu des mains pour nous faire fête. Ah ! la belle journée !

— Étiez-vous nombreux au repas de noces ?

— Quarante au moins. Il y avait d'abord nos parents, à ton grand-père et à moi. Mon oncle Eugène et sa sœur, ma tante Jeanne; mon frère Étienne et ses enfants, mon neveu Edmond et ma nièce Françoise; plus une dizaine de cousins et de cousines.

— Avez-vous reçu beaucoup de **cadeaux** (m.).

— On nous en a donné quelques-uns. Mais notre famille n'était pas très riche. Et ton grand-père, plus tard, a travaillé dur pour élever ses enfants.

— Et où êtes-vous allés en voyage de noces ? A Venise ? Aux Baléares ? A Tahiti ?

— En Bretagne, seulement.

— Un beau voyage tout de même ?

— Le meilleur de ma vie. Le bonheur, vois-tu, ne se mesure pas en kilomètres.

— Pierrot, tu n'iras pas à l'école aujourd'hui. Tu as deux petits frères depuis cette nuit. Tu le diras demain au professeur.

— Papa, je dirai *un* seulement; je garderai l'*autre* pour la semaine prochaine.

(D'après *Ouest-France*.)

167

— Dans huit jours, ce sera fête chez mes amis français.

— Quelle fête?

— Ils marient leur fille. Tenez : le journal en parle : « Nous apprenons avec plaisir que M. Jean Fabre, fils de Madame et Monsieur Jacques Fabre, le Directeur bien connu des « Charbons du Nord », épousera, la semaine prochaine, Mademoiselle Francine Leroy, fille de Monsieur Paul Leroy, juge au tribunal de notre ville. Le mariage civil aura lieu lundi à 17 heures à la mairie, le mariage religieux, mardi à 11 heures, église Saint-Pierre. L'après-midi, un lunch sera offert dans les salons de l'Hôtel de France. « On sait que M. Jean Fabre dirige d'importantes affaires en Amérique, où ses **arrière-grands-parents** *s'installèrent*, il y a 70 ans. Leurs débuts *furent* difficiles, bien sûr. Mais ils *eurent* le courage **nécessaire** pour réussir. Et les Fabre *finirent* par devenir les grands industriels que le monde connaît. Nous adressons, dès maintenant, aux deux familles, nos meilleures félicitations. »

— Eh bien, vous verrez un beau mariage !

— Je serai absent de France. Comment faire, pour m'**excuser** ?

— Oh ! c'est très simple : en écrivant une lettre : « Cher Monsieur, **obligé** de partir pour l'étranger, je ne pourrai, à mon grand regret, **assister** au mariage de Mademoiselle Leroy. Je vous prie de m'en excuser. Et je vous adresse, avec mes **félicitations** (f.), mes **vœux** (m.) de bonheur pour vos enfants. Veuillez croire, cher Monsieur, à mes **sentiments** les meilleurs. »

Avoir — *Autrefois*, il eut ..., ils eurent ...
Être — *Autrefois*, il fut ..., ils furent ...

Le repas de famille.

ALBERT (13 *ans*). — Vous connaissez la nouvelle ?
Son frère ANDRÉ (18 *ans*) *et sa sœur* JACQUELINE (20 *ans*)
Non.
ALBERT. — Dimanche prochain, pour les 70 ans de grand-père, il y a repas de famille chez l'oncle Étienne.
ANDRÉ. — Moi qui devais passer ma **fin** de semaine, mon week-end, au bord de la mer avec des camarades..
JACQUELINE. — Et moi, aller danser avec Jean-Pierre...
ANDRÉ. — Je nous vois déjà tous, assis, comme la dernière fois, autour de la grande table...
JACQUELINE. — Notre oncle Étienne, en complet bleu, s'était mis à côté de maman.
ANDRÉ. — Papa, lui, avait été placé près de la tante Amélie, habillée de la robe rose qu'elle a fait faire il y a 15 ans.
JACQUELINE. — J'avais pour voisin, le cousin Léon qui revenait d'Afrique, et qui, dès le début du dîner, m'a raconté toutes ses chasses, là-bas, de la première à la dernière...
ANDRÉ. — Je n'avais pas plus de chance avec ma voisine, la cousine Noémie qui, à 39 ans, est encore vieille fille : elle essaie d'oublier son malheur en écrivant des poésies.
JACQUELINE. — Et elle nous les lit !...

**

Au restaurant :
— Garçon, regardez donc : ce poulet n'a que la **peau** sur les **os** (m).
— Oh ! monsieur, voudriez-vous aussi les plumes ?
(D'après *Ouest-France*.)

**

Lu sur la porte d'un magasin :
« La maison ne **fait crédit** qu'aux clients de 70 ans accompagnés de leurs grands-parents. »
(D'après *Ouest-France*.)

169

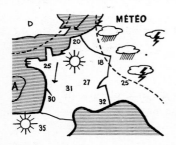

— Pardon, monsieur, quels voyages avez-vous en ce moment?

— Nous avons un voyage de deux mois en Autriche, un tour d'un mois en Tchéco-slovaquie, Pologne, Hongrie...

— Rien pour l'Espagne ou l'Italie?

— Mais si. Voyez : « L'Espagne en 3 semaines par autocar. » Départ lundi 2 avril à 7 heures, place de l'Opéra. Retour, dimanche 22, vers 19 heures.

— Quel est le prix, par personne?

— 1 400 francs.

— Le passeport est-il nécessaire?

— Naturellement. Sans passeport, vous ne traverserez pas la **frontière!**

— Hôtels de premier ordre, n'est-ce pas?

— Bien sûr !

— Avec salle de bains?

— Oui, sans supplément.

— J'ai déjà fait plusieurs voyages par votre agence, surtout pour les sports d'hiver.

— A cette saison-ci, vous ne verrez plus beaucoup de **neige** (f.) en Espagne !

— Je sais. Mais les **vallées** (f.) et les montagnes sont belles au printemps.

— Et même les **plaines** (f.).

— En Espagne, les grandes plaines sont rares... Ce qui me gêne, c'est de voyager en **groupe** (m.). Si on a des voisins intelligents et bien élevés, **tant mieux !** sinon, **tant pis !**

— Ah, dame, en voyageant, on voit de tout!

— Je vous paierai par chèque (m.), comme d'habitude?

— Oui. Et en arrivant à Madrid vous trouverez des **devises** (f.) à la **banque** d'Espagne.

— Il ne reste plus qu'à espérer du beau temps.

— Oh ! la **météo** est bonne, soleil, **nuages**, vent frais.

— Allons, tant mieux !

Faire	— *Autrefois*, il fit . . ., ils firent.
S'asseoir	— *Autrefois*, il s'assit . . ., ils s'assirent.
Vouloir	— *Autrefois*, il voulut . . ., ils voulurent.

Conversation

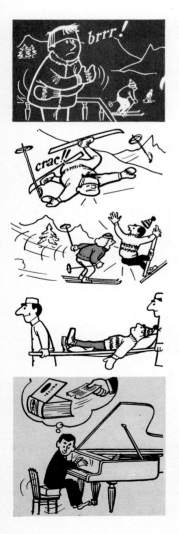

Sports d'hiver

— Alors, ces sports d'hiver ? **agréables ?**

— Si on veut. Moi, je trouve qu'il y fait trop froid.

— Froid la nuit. Mais le jour, il y a souvent du soleil. Beaucoup de gens reviennent le visage tout brun.

— C'est parce qu'ils vont faire du ski sur la neige. Mais, sur la neige, on tombe tout le temps. On se casse une jambe pour un rien.

— Non, en faisant attention, on se blesse rarement.

— Vous oubliez les grosses dames qui vous arrivent dessus à toute vitesse...

— Vous avez vu beaucoup d'accidents ?

— Vous pensez ! Mon hôtel était à côté de la maison du médecin. Toute la journée on amenait des blessés. Cela m'a tout de suite guéri...

— Guéri de quoi ? Vous êtes rentré sur vos deux jambes.

— Justement : guéri de faire du ski ; l'hiver prochain je vais en Afrique !

***

Les campeurs **campent** sous les **tentes** (f.) de **toile** (f.).

***

Fernand Raynaud raconte comment, un jour, il « essaya » un **pianiste** qui devait accompagner son tour de chant : Le pianiste s'assit devant son **piano**, puis il se leva parce qu'il trouvait la chaise trop basse. Il demanda un annuaire des téléphones et se rassit. Mais il ne se trouva pas encore bien. Il se releva, **arracha** *une* page de l'annuaire, se « re-rassit » et voulut bien se dire content. On put commencer à répéter.

(D'après *Noir et Blanc*.)

171

— Expliquez-moi donc ce qu'est (ou : quel est) le **Gouvernement** de la France.
— Eh bien ! la France est une république, qui a à sa tête un **Président** de la République...

— ...et qui est **gouvernée** par des **ministres ?**
— Oui. Les ministres ont à leur tête le Premier ministre, qu'on appelle aussi le Président du Conseil.

— Qu'est-ce que la **capitale ?**
— C'est la ville où est le Gouvernement. La capitale de la France est Paris, vous le savez bien. Le **reste** du pays, c'est la **province**.

— Mais une république a aussi un **Parlement ?**
— Oui, il est formé des **députés** (m), qui sont **élus*** par les **citoyens**. Les **élections** (f.) des députés ont lieu tous les cinq ans.

— Que font les députés?
— Ils **discutent** et **votent** les **lois** (f.), au nom du **peuple**. Les citoyens qui n'**obéissent** pas à la loi **sont punis** par les tribunaux.

— Nommez-moi quelques ministres importants.
— D'abord le ministre de la Justice ; puis le ministre des Affaires étrangères ; enfin le ministre des **Finances** (f.) qui **contrôle** les **dépenses** (f.) et fait voter les **impôts** (m.) par les députés.

Venir — *Autrefois*, il vint ..., ils vinrent.
Aller — *Autrefois*, il alla ..., ils allèrent.
Suivre — *Autrefois*, il suivit ..., ils suivirent.

Conversation   **SOIXANTIÈME LEÇON**

La droite et la gauche.

L'Américain. — Vous êtes très **républicains**, vous autres, les Français.

Le Français. — Notre histoire le montre bien ! Nous en sommes à notre 5e République. L'avant-dernière n'a pas duré 13 ans.

— Pourquoi changez-vous donc si souvent de Gouvernement ? Il fut un temps où, tous les 3 mois, vous aviez un nouveau Président du Conseil.

— Nous avions trop de groupes politiques. Et aucun n'avait jamais assez de députés pour gouverner tout seul. Alors, trois ou quatre groupes se mettaient **d'accord** pour se **partager** les différents ministères.

— Comment pouvaient-ils s'entendre, n'ayant pas les mêmes idées ?

— Justement : ils ne s'entendaient pas longtemps. Et, au bout de quelques mois, ou même de quelques semaines, le Gouvernement tombait.

— Mais le Parlement, comme la France elle-même, n'est-il pas partagé entre une droite et une gauche ?

— Vous savez : beaucoup de Français sont à la fois de l'une et de l'autre.

— Comment cela ?

— De méchantes langues disent qu'ils ont le cœur à gauche... et le portefeuille à droite.

Dans les journaux on trouve beaucoup de verbes au passé simple : par exemple :

Un monsieur qui a montré hier beaucoup de sang-froid, c'est M. Paul Truc, de Toulouse. Voyant deux jeunes gens qui se sauvaient sur sa moto, il les poursuivit en taxi sans être remarqué par eux. La moto tomba en panne d'essence et les deux voleurs firent de l'auto-stop. M. Truc les prit avec plaisir avec lui, dans le taxi... jusqu'au commissariat de police le plus voisin, où ils ont été mis à l'ombre.

173

— Les autres ministres sont le ministre des Postes, celui de l'**Éducation nationale**, qui a sous sa direction les écoles, les étudiants, les professeurs ; celui des Travaux **publics** qui s'occupe des routes, des ponts, des chemins de fer, des aéroports. Le ministre du Travail fait voter les lois sociales qui défendent les travailleurs (et quelquefois leurs patrons !) : il reçoit les chefs des syndicats qui défendent, eux aussi, les ouvriers et les paysans.

— Alors, le ministre du Travail est le ministre du progrès social ?

— Si vous voulez !... Le ministre de la Santé publique a sous sa direction les hôpitaux, les dispensaires, les médecins ; le ministre de l'**Intérieur** a sous sa direction la police et les maires.

— Les maires ?

— Oui : ils sont à la tête des villes et des villages.

— Sont-ils élus par les citoyens ou nommés par le Gouvernement ?

— Ils sont élus par les citoyens. Le ministre des Affaires **économiques** s'occupe du **commerce**, de l'**industrie** (f.), des banques, de l'**agriculture** (f.). Enfin, un autre ministre important est celui des **Armées**, chef des armées de terre, de mer, de l'air (**soldats**, marins, **aviateurs**). Les armées d'un pays défendent sa liberté par les **armes** (f.).

— Un jour, il n'y aura plus d'armées, espérons-le.

— Alors, c'est qu'il n'y aura plus de **guerres**, et que la **paix** gouvernera, enfin, le monde.

Répondre	— *Autrefois*, il répondit ..., ils répondirent.
Mourir	— *Autrefois*, il mourut ..., ils moururent.
Vivre	— *Autrefois*, il vécut ..., ils vécurent.
Pouvoir	— *Autrefois*, il put ..., ils purent.
Savoir	— *Autrefois*, il sut ..., ils surent.
Devoir	— *Autrefois*, il dut ..., ils durent.

Un aviat**eur**, une aviat**rice**.

Conversation

SOIXANTE ET UNIÈME LEÇON

Le vote des femmes

Mme DUPONT. — Dans quelques jours, nous élirons notre député, et je ne sais pas si vous êtes comme moi, mais je me demande bien pour qui voter.

Mme SIMON. — C'est vrai ! nous aurons bientôt les élections. Mon mari en parle tout le temps. La politique, c'est **fou** ce que cela intéresse les hommes !

Mme DESPOIS. — Je m'y intéresse aussi, depuis qu'en France les femmes ont le droit de voter.

Mme SIMON. — Et puis après ? Tenez, hier, j'ai entendu trois chefs politiques à la radio. Ils voulaient tous le bien du peuple, promettant de meilleurs salaires, des prix plus bas, des routes et des ponts, des écoles et des hôpitaux, tout, quoi !

Mme DUPONT. — Et quand les nouveaux députés auront été élus, les choses n'iront pas mieux qu'avant.

Mme DESPOIS. — Les Françaises devront pourtant faire leur **devoir** (m.) de citoyennes, dimanche. Et je sais que vous n'y manquerez pas.

***

Un grand ministre anglais tenait une **réunion** électorale. Une dame, très en colère, se leva et cria : « Si vous étiez mon mari, je vous donnerais du **poison** ! — Si vous étiez ma femme, je le boirais. »

D'après Léon TREICH *(Histoires anglaises)*.

Lu dans le journal :

« Los Angeles, le 10 juin : Une dame de 74 ans voulait, il y a un an, prendre des leçons de danse pour pouvoir paraître à la télévision. Elle paya 10 000 dollars pour 2 480 heures. Comme elle n'a fait aucun progrès, elle poursuit en justice son professeur. »

175

(Leçons 56 à 61)

1. Un peu d'histoire de France.

La France fut habitée d'abord par les Gaulois.
Puis l'armée romaine, commandée par César,
battit Vercingétorix à Alésia (52 avant J.-C.). Les
Gaulois parlèrent alors le latin, qui devint peu à
peu le français.

Plus tard, la France fut gouvernée par des rois.
Les plus connus furent Charlemagne (742-819),
Saint Louis (1214-1270), Henri IV (1553-1610)
et Louis XIV (1638-1715), « le Roi - Soleil ».
Puis eut lieu la Révolution (1789-1795), qui
apprit aux peuples l'idée de liberté. Les Français
eurent alors une Première République (1792-
1799); mais Napoléon arriva bientôt. Après
beaucoup de guerres, lui aussi fut chassé.
Après un retour des rois (1815-1848), la France
connut une seconde République (1848-1851)
et un second Empire (1852-1870).
Alors commença la Troisième République, qui avait
à sa tête un Président, aidé de ministres et élu par
le Parlement, et qui gouverna la France jusqu'à
la Deuxième Guerre mondiale.
Depuis la fin de cette guerre, la France a eu une
Quatrième (1946-1958) et une Cinquième Répu-
bliques.

2. Complétez :

Il n'est pas toujours fa ... de voy ... à l'étranger.
D'abord, il faut y avoir un pas ..., puis aller à
la ba ... pour avoir des de ... Ensuite, quand on
est dans le pa ..., on ne co ... pas toujours la
langue. Les repas n'ont pas li ... aux mêmes he ...,
on ne ma ... ni ne bo ... les mêmes choses. Il
y a des ge ... qui trouvent cela am ... : moi,
j'aime mi ... aller pr ... un verre au ca ... du
coin ou parler avec mes voi ... Nous di ... du
mal du gou ... : après nous payons nos im ...
avec plus de plai ...

3. Complétez :

L'autre jour, j'étais in ... à une no ... J'ai d'abord
as ... au mariage ci ..., qui s'est passé devant le
ma ... Puis nous sommes tous al ... à l'ég ...,
où avait li ... le mariage re ... Il y avait beaucoup
de mo ... A la fin, nous avons of ... nos fé ...
et nos vo ... de bonheur aux jeunes mariés.
L'après-midi, les pa ... de la jeune femme ont
donné un l ... dans leur ap ... Les invités
avaient env ... beaucoup de fl ... Moi, j'ai ma ...
un grand nombre de petits gâ ... et b ... du
vin excellent.
Vers six h ..., les jeunes ma ... sont pa ... en
vo ... de noces : pour eux, la vie à deux com ...

4. Répondez :

Comment s'appelle l'homme marié ? la femme
mariée ?
Comment s'appellent les parents ? les grands-
parents ?
Comment s'appellent le frère du père ? la sœur
de la mère ?
Comment s'appellent les enfants de l'oncle et de
la tante ?
Qu'est-ce que le prénom ? le surnom ?

5. Répondez :

Quels sont les moyens de transport que vous
connaissez ? Lesquels préférez-vous ? Pourquoi ?
Où s'adresse-t-on pour faire un voyage en groupe ?
Etes-vous déjà allé à l'étranger ? Si oui, où ? Quels
pays vont ont semblé les plus beaux ?
Que faut-il avoir pour entrer dans un pays étran-
ger ?
Où peut-on acheter des devises ?
Quelles sont les frontières de la France ?
En quoi fait-on les cravates ? les portefeuilles ?
Avez-vous déjà reçu des cadeaux ? Lequel vous a
fait le plus grand plaisir ?
Dans quels pays d'Europe fait-on le plus de ski ?
Combien de francs avez-vous pour un dollar ?
une livre sterling ? un mark ? une peseta ?
A quoi sert la météo ?
Quelle est la capitale de la France ? des U.S.A. ?
de l'U.R.S.S. ? de l'Argentine ?
Payez-vous beaucoup d'impôts ?

6. Répondez :

Quel est le Gouvernement de la France ? Comment
s'appelle le Chef du Gouvernement ? Qu'est-ce
que le Parlement ? Comment ses membres sont-ils
élus ?
Qu'est-ce qu'un ministre ? un maire ?
Qu'est-ce que les syndicats ? A quoi servent-ils ?
Pourquoi y a-t-il des juges ?
Qu'est-ce qu'une armée ? Avez-vous été soldat ?
Si non, avez-vous envie de l'être ?

7. Mettez au passé simple : *je, tu, il, etc.*

Je mets 2 heures à apprendre mes leçons et n'arrive pas à finir mes devoirs à temps.

8. Mettez au passé simple : *je fus le dernier...,
tu fus, etc.*

Je *suis* le dernier à voter.
Je m'*assois* devant mon piano et je *commence* un
morceau de musique.
Je *veux* faire du ski.

Je *viens* en France et je *suis* des cours de français.
Je *peux* changer de l'argent à la banque.
Je *dois* faire un joli cadeau à mes amis.
J'ai *mal* aux yeux et je *vais* chez l'oculiste.
Je *fais* des vœux pour les jeunes mariés.
Je *réponds* à vos félicitations.

9. Mettez au passé simple :

Le jour des élections, les bureaux de vote *(être installé)* presque toujours dans des écoles. Ils *(être ouvert)* de 8 heures du matin à 6 heures du soir. Beaucoup de gens *(venir)* voter entre 10 heures et midi. Chacun d'eux *(commencer)* par montrer sa carte d'électeur, puis *(se cacher)* un instant pour choisir le nom d'un candidat, *(mettre)* ce nom dans une enveloppe et *(jeter)* cette enveloppe dans une sorte de grande boîte. Le soir, on *(compter)* le nombre des voix. C'est le député sortant qui *(être élu)* de nouveau. Beaucoup de gens en *(avoir)* du regret, d'autres non : le lendemain, le soleil *(éclairer)* le monde comme d'habitude et il *(falloir)* se lever pour travailler comme avant les élections.

10. Mettez le temps qu'il faut : *imparfait* ou *passé simple*

Il (être) [P.S.] toujours difficile de gouverner les hommes. Il y (   ) [imp.] plus de guerres autrefois qu'aujourd'hui. Mais elles (tuer) [imp.] moins d'hommes.
Napoléon (mettre) [P.S.] fin à la Première République ; mais plus tard Louis XVIII le (chasser) [P.S.] à son tour.
Les parents ne (être) [imp.] d'accord ; le jeune homme et la jeune fille leur (obéir) [P.S.] et ne (se fiancer) [P.S.] pas. Mais ils (s'aimer) [imp.] toujours. Et au bout de 3 ans ils (se marier) [P.S.].
Louis XIV (être) [P.S.] un grand roi. Mais il (aimer) [imp.] trop la guerre et les dépenses et le peuple (devoir) [imp.] payer trop d'impôts. Quand il (mourir) [P.S.], il (laisser) [P.S.] le pays très pauvre.

11. Quel est le contraire de :

intelligent, tant mieux, ennemi, quelquefois, intéressant, à côté de, humide, épais, triste, rive, commander, guerre.

12. Quel est le féminin de :

oncle, neveu, époux, voisin, ministre, député, citoyen, travailleur, aviateur ;
religieux, important, étranger, bien élevé, frais, social, ennemi, civil.

13. Remplacez :

« Je *dois* dire, tu *dois* dire, etc. » **par** « Il *faut que je dise, il *faut que* tu dises, etc. »

Nous *devons inviter* mon oncle et ma tante à dîner.
Vous *devez faire* du feu.
Le mariage civil *doit avoir lieu* à la mairie.
Les juges *doivent punir* les mauvais citoyens
Tu *dois aller* à l'école aujourd'hui.
Nous *devons envoyer* nos vœux à ces jeunes mariés.
Je *dois mettre* mon beau costume dimanche prochain.
Ils *doivent venir* avec nous en vacances.
Il *doit retenir* sa place, s'il veut voyager assis.
La femme *doit suivre* son mari.
Ce malade *doit boire* toutes les trois heures.
Nous devons prendre la vie du bon côté.

14. Mettez dans de courtes phrases :

Au printemps ; sous la neige ; en plein soleil ; à la mairie ; en voyage ; à la gare ; pendant la guerre, en famille ; sur terre ; à Noël ; il y avait une fois ; à cent kilomètres à l'heure ; avec plaisir ; à mon grand regret ; au son du violon.

15. Mettez : *à, avec, de, en, par, pendant, pour sans, sous, sur.*

Ce pauvre homme n'a plus que la peau ... les os.
On ne va pas loin ... argent.
Il est dangereux ... rouler ... toute vitesse.
... des skis, il est facile d'aller ... la neige.
Il ne faut pas pleurer ... un rien.
Aimez-vous voyager ... groupe ?
Les citoyens ont le droit et le devoir ... voter.
L'année prochaine, j'irai ... Italie, ... Venise et ... Rome.
Je serai absent ... Paris ... les vacances.
Cet ingénieur a 150 ouvriers ... sa direction.
... le corps ... l'homme, le cœur est ... gauche.
Est-ce que je peux vous payer ... chèque ?

16. Mettez : dites-moi. (Ex. : *Qui viendra demain ? : Dites-moi qui viendra demain.*)

Que vous est-il arrivé hier ?
Comment les citoyens votent-ils dans votre pays ?
Quand verrons-nous la fin des guerres ?
Que veut-elle recevoir pour son mariage ?
Qu'est-ce qui est le plus utile à un pays : l'industrie ou l'agriculture ?
Qui gouverne la France maintenant ?
Est-ce que vous êtes marié (e) ?
Où peut-on faire du ski ?
Est-ce que vous êtes sorti (e) souvent des frontières de votre pays ?
Depuis quand étudiez-vous le français ? Est-ce la seule langue étrangère que vous apprenez ?
Que faut-il faire pour être heureux ?
Qu'avez-vous vu dans vos voyages ?

LES VERBES

AVOIR

INDICATIF

Présent	Imparfait	Passé simple	Passé composé	Plus-que-parfait	Futur	Futur antérieur
J'ai	J'avais	*J'eus	J'ai eu	J'avais eu	J'aurai	J'aurai eu
Tu as	Tu avais	*Tu eus	Tu as eu	Tu avais eu	Tu auras	Tu auras eu
Il a	Il avait	Il eut	Il a eu	Il avait eu	Il aura	Il aura eu
Nous avons	Nous avions	*Nous eûmes	Nous avons eu	Nous avions eu	Nous aurons	Nous aurons eu
Vous avez	Vous aviez	*Vous eûtes	Vous avez eu	Vous aviez eu	Vous aurez	Vous aurez eu
Ils ont	Ils avaient	Ils eurent	Ils ont eu	Ils avaient eu	Ils auront	Ils auront eu

CONDITIONNEL

Présent	Passé
J'aurais	J'aurais eu
Tu aurais	Tu aurais eu
Il aurait	Il aurait eu
Nous aurions	Nous aurions eu
Vous auriez	Vous auriez eu
Ils auraient	Ils auraient eu

SUBJONCTIF

Présent
Que j'aie
Que tu aies
Qu'il ait
Que nous ayons
Que vous ayez
Qu'ils aient

IMPÉRATIF

Présent

Aie Ayons Ayez

PARTICIPE

Présent

Ayant

Passé

(J'ai) eu

ÊTRE

INDICATIF

Présent	Imparfait	Passé simple	Passé composé	Plus-que-parfait	Futur	Futur antérieur
Je suis	J'étais	* Je fus	J'ai été	J'avais été	Je serai	J'aurai été
Tu es	Tu étais	* Tu fus	Tu as été	Tu avais été	Tu seras	Tu auras été
Il est	Il était	Il fut	Il a été	Il avait été	Il sera	Il aura été
Nous sommes	Nous étions	* Nous fûmes	Nous avons été	Nous avions été	Nous serons	Nous aurons été
Vous êtes	Vous étiez	* Vous fûtes	Vous avez été	Vous aviez été	Vous serez	Vous aurez été
Ils sont	Ils étaient	Ils furent	Ils ont été	Ils avaient été	Ils seront	Ils auront été

CONDITIONNEL

Présent	Passé
Je serais	J'aurais été
Tu serais	Tu aurais été
Il serait	Il aurait été
Nous serions	Nous aurions été
Vous seriez	Vous auriez été
Ils seraient	Ils auraient été

SUBJONCTIF

Présent
Que je sois
Que tu sois
Qu'il soit
Que nous soyons
Que vous soyez
Qu'ils soient

IMPÉRATIF

Présent

Sois Soyons Soyez

PARTICIPE

Présent

Étant

Passé

(J'ai) été

178

PARLER

INDICATIF

Présent
Je parle
Tu parles
Il parle
Nous parlons
Vous parlez
Ils parlent

Imparfait
Je parlais
Tu parlais
Il parlait
Nous parlions
Vous parliez
Ils parlaient

Passé simple
*Je parlai
*Tu parlas
*Il parla
*Nous parlâmes
*Vous parlâtes
Ils parlèrent

Futur
Je parlerai
Tu parleras
Il parlera
Nous parlerons
Vous parlerez
Ils parleront

Passé composé
J'ai parlé
Tu as parlé
Il a parlé
Nous avons parlé
Vous avez parlé
Ils ont parlé

Plus-que-parfait
J'avais parlé
Tu avais parlé
Il avait parlé
Nous avions parlé
Vous aviez parlé
Ils avaient parlé

Futur antérieur
J'aurai parlé
Tu auras parlé
Il aura parlé
Nous aurons parlé
Vous aurez parlé
Ils auront parlé

CONDITIONNEL

Présent
Je parlerais
Tu parlerais
Il parlerait
Nous parlerions
Vous parleriez
Ils parleraient

Passé
J'aurais parlé
Tu aurais parlé
Il aurait parlé
Nous aurions parlé
Vous auriez parlé
Ils auraient parlé

SUBJONCTIF

Présent
Que je parle
Que tu parles
Qu'il parle
Que nous parlions
Que vous parliez
Qu'ils parlent

IMPÉRATIF

Présent
Parle
Parlons
Parlez

PARTICIPE

Présent
Parlant

Passé
Parlé

FINIR

INDICATIF

Présent
Je finis
Tu finis
Il finit
Nous finissons
Vous finissez
Ils finissent

Imparfait
Je finissais
Tu finissais
Il finissait
Nous finissions
Vous finissiez
Ils finissaient

Passé simple
*Je finis
*Tu finis
Il finit
*Nous finîmes
*Vous finîtes
Ils finirent

Futur
Je finirai
Tu finiras
Il finira
Nous finirons
Vous finirez
Ils finiront

Passé composé
J'ai fini
Tu as fini
Il a fini
Nous avons fini
Vous avez fini
Ils ont fini

Plus-que-parfait
J'avais fini
Tu avais fini
Il avait fini
Nous avions fini
Vous aviez fini
Ils avaient fini

Futur antérieur
J'aurai fini
Tu auras fini
Il aura fini
Nous aurons fini
Vous aurez fini
Ils auront fini

CONDITIONNEL

Présent
Je finirais
Tu finirais
Il finirait
Nous finirions
Vous finiriez
Ils finiraient

Passé
J'aurais fini
Tu aurais fini
Il aurait fini
Nous aurions fini
Vous auriez fini
Ils auraient fini

SUBJONCTIF

Présent
Que je finisse
Que tu finisses
Qu'il finisse
Que nous finissiez
Que vous finissiez
Qu'ils finissent

IMPÉRATIF

Présent
Finis
Finissez
Finissons

PARTICIPE

Présent
Finissant

Passé
Fini

(*) Rare en français parlé.

AFFIRMATION - NÉGATION - INTERROGATION

PARLER

AFFIRMATION	NÉGATION	INTERROGATION
Présent		
Je parle	Je *ne* parle *pas*	*Est-ce que* je parle?
Tu parles	Tu *ne* parles *pas*	Parles-tu?
Il parle	Il *ne* parle *pas*	Parle-t-il?
Nous parlons	Nous *ne* parlons *pas*	Parlons-nous?
Vous parlez	Vous *ne* parlez *pas*	Parlez-vous?
Ils parlent	Ils *ne* parlent *pas*	Parlent-ils?
Passé composé		
J'ai parlé	Je *n'*ai *pas* parlé	Ai-je parlé?
Tu as parlé	Tu *n'*as *pas* parlé	As-tu parlé?
Il a parlé	Il *n'*a *pas* parlé	A-t-il parlé?
Nous avons parlé	Nous *n'*avons *pas* parlé	Avons-nous parlé?
Vous avez parlé	Vous *n'*avez *pas* parlé	Avez-vous parlé?
Ils ont parlé	Ils *n'*ont *pas* parlé	Ont-ils parlé?
Impératif		
Parle	Ne parle *pas*	
Parlons	Ne parlons *pas*	
Parlez	Ne parlez *pas*	

SE LAVER

AFFIRMATION	NÉGATION	INTERROGATION
Présent		
Je me lave	Je *ne* me lave *pas*	*Est-ce que* je me lave?
Tu te laves	Tu *ne* te laves *pas*	Te laves-tu?
Il se lave	Il *ne* se lave *pas*	Se lave-t-il?
Nous nous lavons	Nous *ne* nous lavons *pas*	Nous lavons-nous?
Vous vous lavez	Vous *ne* vous lavez *pas*	Vous lavez-vous?
Ils se lavent	Ils *ne* se lavent *pas*	Se lavent-ils?
Passé composé		
Je me suis lavé	Je *ne* me suis *pas* lavé	*Me suis-je* lavé?
Tu t'es lavé	Tu *ne* t'es *pas* lavé	*T'es-tu* lavé?
Il s'est lavé	Il *ne* s'est *pas* lavé	*S'est-il* lavé?
Nous nous sommes lavés	Nous *ne* nous sommes *pas* lavés	*Nous sommes-nous* lavés?
Vous vous êtes lavés	Vous *ne* vous êtes *pas* lavés	*Vous êtes-vous* lavés?
Ils se sont lavés	Ils *ne* se sont *pas* lavés	*Se* **sont-ils** lavés?
Impératif		
Lave-toi	Ne te lave pas	
Lavons-nous	Ne nous lavons pas	
Lavez-vous	Ne vous lavez pas	

I. CONJUGAISON DE QUELQUES VERBES PARTICULIERS EN ER

	Indicatif présent	Imparfait	Futur	Passé composé	Passé simple	Impératif
Mener	Je mène Tu mènes Il mène Nous menons Vous menez Ils mènent	Je menais	Je mènerai	J'ai mené	Il mena	Mène Menons Menez
Acheter	J'achète Tu achètes Il achète Nous achetons Vous achetez Ils achètent	J'achetais	J'achèterais	J'ai acheté	Il acheta	Achète Achetons Achetez
Peler	Je pèle Tu pèles Il pèle Nous pelons Vous pelez Ils pèlent	Je pelais	Je pèlerai	J'ai pelé	Il pela	Pèle Pelons Pelez
Jeter	Je jette Tu jettes Il jette Nous jetons Vous jetez Ils jettent	Je jetais	Je jetterai	J'ai jeté	Il jeta	Jette Jetons Jetez
Appeler	J'appelle Tu appelles Il appelle Nous appelons Vous appelez Ils appellent	J'appelais	J'appellerai	J'ai appelé	Il appela	Appelle Appelons Appelez
Balayer	Je balaie ou Je balaye Tu balaies ou Tu balayes Il balaie ou Il balaye Nous balayons Vous balayez Ils balaient ou ils balayent	Je balayais	Je balaierai ou Je balayerai	J'ai balayé	Il balaya	Balaie ou balaye Balayons Balayez
Nettoyer	Je nettoie Tu nettoies Il nettoie Nous nettoyons Vous nettoyez Ils nettoient	Je nettoyais	Je nettoierai	J'ai nettoyé	Il nettoya	Nettoie Nettoyons Nettoyez
Essuyer	J'essuie Tu essuies Il essuie Nous essuyons Vous essuyez Ils essuient	J'essuyais	J'essuierai	J'ai essuyé	Il essuya	Essuie Essuyons Essuyez
Commencer	Je commence Tu commences Il commence Nous commençons Vous commencez Ils commencent	Je commençais	Je commencerai	J'ai commencé	Il commença	Commence Commençons Commencez
Manger	Je mange Tu manges Il mange Nous mangeons Vous mangez Ils mangent	Je mangeais	Je mangerai	J'ai mangé	Il mangea	Mange Mangeons Mangez

II. VERBES IRRÉGULIERS ÉTUDIÉS DANS CE LIVRE

	Indicatif présent	Imparfait	Futur	Passé composé	Passé simple	Subjonctif présent	Participe prést
Aller	Je vais Tu vas Il va Nous allons Vous allez Ils vont	J'allais	J'irai (1)	Je suis allé	Il alla (2)	Que j'aille Que nous allions Que vous alliez Qu'ils aillent	Allant
Apercevoir	J'aperçois... Nous apercevons Vous apercevez Ils aperçoivent	J'apercevais	J'apercevrai	J'ai aperçu	Il aperçut	Que j'aperçoive Que nous apercevions Que vous aperceviez Qu'ils aperçoivent	Apercevant
Apprendre	J'apprends... Nous apprenons Vous apprenez Ils apprennent	J'apprenais	J'apprendrai	J'ai appris	Il apprit	Que j'apprenne	Apprenant
S'asseoir	Je m'assieds Tu t'assieds Il s'assied Nous nous asseyons Vous vous asseyez Ils s'asseyent ou : Je m'assois Tu t'assois Il s'assoit Nous nous assoyons Vous vous assoyez Ils s'assoient	Je m'asseyais Je m'assoyais	Je m'assiérai Je m'assoirai	Je me suis assis Je me suis assis	Il s'assit Il s'assit	Que je m'asseye Que je m'assoie	m'asseyant m'assoyant
Attendre	J'attends... Nous attendons	J'attendais	J'attendrai	J'ai attendu	Il attendit	Que j'attende	Attendant
Battre	Je bats... Nous battons	Je battais	Je battrai	J'ai battu	Il battit	Que je batte	Battant
Boire	Je bois... Nous buvons Vous buvez Ils boivent	Je buvais	Je boirai	J'ai bu	Il but	Que je boive	Buvant
Comprendre (comme apprendre)							
Conduire	Je conduis Nous conduisons	Je conduisais	Je conduirai	J'ai conduit	Il conduisit	Que je conduise	Conduisant
Connaître	Je connais Nous connaissons	Je connaissais	Je connaîtrai	J'ai connu	Il connut	Que je connaisse	Connaissant
Construire (comme conduire)	Je construis						

(1) donc conditionnel : J'irais.   (2) donc pluriel : ils allèrent.

	Indicatif présent	Imparfait	Futur	Passé composé	Passé simple	Subjonctif présent	Participe prés.
Coudre	Je couds... Il coud Nous *cousons* Vous *cousez* Ils *cousent*	Je cousais	Je coudrai...	J'ai cousu	...Il cousit... (=rare)	Que je couse...	Cousant
Courir	Je cours... Il court Nous courons	Je courais	Je courrai	J'ai couru	...Il courut...	Que je coure	Courant
Couvrir	Je couvre Nous couvrons	Je couvrais	Je couvrirai	J'ai couvert	...Il couvrit...	Que je couvre	Couvrant
Croire	Je crois... Nous *croyons* Vous *croyez* Ils *croient*	Je croyais... Nous croyions	Je croirai	J'ai cru	...Il crut...	Que je croie... Que nous croyions	Croyant
Défendre (comme attendre)	Je défends...						
Descendre (comme attendre)	Je descends						
Devenir (comme venir)	Je deviens						
Devoir	Je dois... Nous *devons* Vous *devez* Ils *doivent*	Je devais	Je devrai	J'ai dû	...Il dut...	Que je doive	Devant
Dire	Je dis... Nous disons Vous *dites* Ils disent	Je disais	Je dirai	J'ai dit	...Il dit...	Que je dise	Disant
Dormir	Je dors... Nous *dormons* Vous *dormez* Ils *dorment*	Je dormais	Je dormirai	J'ai dormi	...Il dormit...	Que je dorme	Dormant
Écrire	J'écris... Nous *écrivons* Vous *écrivez* Ils *écrivent*	J'écrivais	J'écrirai	J'ai écrit	...Il écrivit...	Que j'écrive	Écrivant
Élire (comme lire)	J'élis						
Entendre (comme attendre)	J'entends						
Envoyer	J'envoie Tu envoies Il envoie Nous *envoyons* Vous *envoyez* Ils *envoient*	J'envoyais	J'enverrai	J'ai envoyé	...Il envoya...	Que j'envoie	Envoyant

Infinitif	Indicatif présent	Imparfait	Futur	Passé composé	Passé simple	Subjonctif présent	Participe prést
Éteindre	J'éteins Tu éteins Il éteint Nous éteignons Vous éteignez Ils éteignent	J'éteignais	J'éteindrai	J'ai éteint	... Il éteignit	Que j'éteigne	Éteignant
Faire	Je fais Tu fais Il fait Nous faisons (pron. fe) Vous faites Ils font	Je faisais (=fe)	Je ferai	J'ai fait	... Il fit...	Que je fasse	Faisant (=fe)
Falloir	Il faut	Il fallait	Il faudra	Il a fallu	... Il fallut	Qu'il faille	
Lire	Je lis Tu lis Il lit Nous lisons Vous lisez Ils lisent	Je lisais	Je lirai	J'ai lu	... Il lut...	Que je lise	Lisant
Mettre	Je mets Tu mets Il met Nous mettons Vous mettez Ils mettent	Je mettais	Je mettrai	J'ai mis	... Il mit...	Que je mette	Mettant
Mordre	Je mords Tu mords Il mord Nous mordons Vous mordez Ils mordent	Je mordais	Je mordrai	J'ai mordu	... Il mordit...	Que je morde	Mordant
Mourir	Je meurs Tu meurs Il meurt Nous mourons Vous mourez Ils meurent	Je mourais	Je mourrai	Je suis mort	... Il mourut...	Que je meure	Mourant
Offrir (comme couvrir)	J'offre						
Ouvrir (comme couvrir)	J'ouvre						
Paraître (comme connaître)	Je parais						
Partir	Je pars Tu pars Il part Nous partons Vous partez Ils partent	Je partais	Je partirai	Je suis parti	... Il partit...	Que je parte	Partant

	Indicatif présent	Imparfait	Futur	Passé composé	Passé simple	Subjonctif présent	Participe prést
Peindre (comme éteindre)	Je peins						
Perdre (comme mordre)	Je perds						
Permettre (comme mettre)	Je permets						
Plaire	Je plais Tu plais Il plaît Nous plaisons Vous plaisez Ils plaisent	Je plaisais	Je plairai	J'ai plu	... Il plut...	Que je plaise	Plaisant
Pleuvoir	Il pleut	Il pleuvait	Il pleuvra	Il a plu	Il plut	Qu'il pleuve	Pleuvant
Pouvoir	Je peux Tu peux Il peut Nous *pouvons* Vous *pouvez* Ils *peuvent*	Je pouvais	Je pourrai	J'ai pu	... Il put..	Que je puisse	Pouvant
Prendre (comme apprendre)	Je prends						
Promettre (comme mettre)	Je promets						
Recevoir (comme apercevoir)	Je reçois						
Reconnaître (comme connaître)	Je reconnais						
Remettre (comme mettre)	Je remets						
Rendre (comme attendre)	Je rends						
Répondre (comme attendre)	Je réponds						
Rire	Je ris Tu ris Il rit Nous *rions* Vous *riez* Ils rient	Je riais	Je rirai	J'ai ri	... Il rit...	Que je rie	Riant
Savoir	Je sais Tu sais Il sait Nous *savons* Vous *savez* Ils *savent*	Je savais	Je saurai	J'ai su	... Il sut...	Que je sache	**Sachant**

(Impératif : sache, sachons, sachez)

	Indicatif présent	Imparfait	Futur	Passé composé	Passé simple	Subjonctif présent	Participe prést
Sentir (comme partir)	Je sens			J'ai senti			
Sourire (comme rire)	Je souris						
Suivre	Je suis Tu suis Il suit Nous suivons Vous suivez Ils suivent	Je suivais	Je suivrai	J'ai suivi	... Il suivit...	Que je suive	Suivant
Se taire	Je me tais Tu te tais Il se tait Nous nous taisons Vous vous taisez Ils se taisent	Je me taisais	Je me tairai	Je me suis tu	... Il se tut	Que je me taise	Me taisant
Tenir	Je tiens Tu tiens Il tient Nous tenons Vous tenez Ils tiennent	Je tenais	Je tiendrai	J'ai tenu	... Il tint...	Que je tienne	Tenant
Vendre (comme attendre)							
Venir	Je viens Tu viens Il vient Nous venons Vous venez Ils viennent	Je venais	Je viendrai	Je suis venu	... Il vint...	Que je vienne	Venant
Vivre	Je vis Tu vis Il vit Nous vivons Vous vivez Ils vivent	Je vivais	Je vivrai	J'ai vécu	... Il vécut...	Que je vive	Vivant
Voir	Je vois Tu vois Il voit Nous voyons Vous voyez Ils voient	Je voyais	Je verrai	J'ai vu	... Il vit...	Que je voie	Voyant
Vouloir	Je veux Tu veux Il veut Nous voulons Vous voulez Ils veulent	Je voulais	Je voudrai	J'ai voulu	... Il voulut...	Que je veuille	Voulant

(Impératif : veuille, veuillons, veuillez. Les deux premières formes sont rares.)

Table
des matières

Dépôt légal n° 7962-01/94 — Imprimeur n° L 44502
Collection n° 13 — Édition n° 29
Imprimé en France

15/0106/3

Aubin Imprimeur
LIGUGÉ, POITIERS